Obra poética
Volume I

Yves Bonnefoy

OBRA POÉTICA
Volume I

Organização, tradução e apresentação
Mário Laranjeira

Prefácio para esta edição
Yves Bonnefoy

ILUMINURAS

Copyright © 1998
Mercure de France

Copyright © desta tradução e edição
Editora Iluminuras Ltda.

Capa
Eder Cardoso / Iluminuras

Revisão
Ana Paula Cardoso

CIP-BRASIL. CATALOGAÇÃO NA PUBLICAÇÃO
SINDICATO NACIONAL DOS EDITORES DE LIVROS, RJ
B695o
2. ed.

Bonnefoy, Yves, 1923-2016
    Obra poética Yves Bonnefoy : volume1 / Yves Bonnefoy ; tradução e apresentação Mário Laranjeira. - [2. ed.]. - São Paulo : Iluminuras, 2021.
    240 p. ; 23 cm.

    "Obras reunidas o autor Yves Bonnefoy"
    ISBN 978-65-5519-024-3

    1. Poesia francesa. I. Laranjeira, Mário. II. Título.

20-64307   CDD: 841
                                CDU: 82-1(44)

2021
EDITORA ILUMINURAS LTDA.
Rua Inácio Pereira da Rocha, 389 - 05432-011 - São Paulo - SP - Brasil
Tel./Fax: 55 11 3031-6161
iluminuras@iluminuras.com.br
www.iluminuras.com.br

ÍNDICE

APRESENTAÇÃO por *Mário Laranjeira*, 11

PREFÁCIO À EDIÇÃO BRASILEIRA por *Yves Bonnefoy*, 17

ANTI-PLATÃO / *ANTI-PLATON* / (1947)

I	Trata-se mesmo *deste* objeto: / *Il s'agit bien de cet objet:*	23
II	A arma monstruosa / *L'arme monstrueuse*	24
III	Que sentido dar a isto: / *Quel sens prêter à cela:*	25
IV	O país do sangue / *Le pays du sang*	26
V	Cativo de uma sala, / *Captif d'une salle,*	27
VI	Somos de um mesmo país / *Nous sommes d'un même pays*	28
VII	Nada pode arrancá-lo à obsessão / *Rien ne peut l'arracher à l'obsession*	29
VIII	Cativa entre dois ladrões de superfícies verdes /	
	Captive entre deux voleurs de surfaces vertes	30
IX	Dizem-lhe: cava essa pouca terra móvel, / *On lui dit: creuse ce peu de terre meuble,*	31

DO MOVIMENTO E DA IMOBILIDADE DE DOUVE / *DU MOUVEMENT ET DE L'IMMOBILITÉ DE DOUVE* (1953)

TEATRO / *THÉÂTRE*

I	Eu te via correndo nos terraços, / *Je te voyais courir sur des terrasses,*	35
II	O verão envelhecendo / *L'été vieillissant*	36
III	Tratava-se de um vento a vencer nossas memórias, /	
	Il s'agissait d'un vent plus fort que nos mémoires,	37
IV	Acordo, está chovendo. / *Je me réveille, il pleut.*	38
V	O braço que se ergue e o braço que se volta /	
	Le bras que l'on soulève et le bras que l'on tourne	39
VI	Que palidez te atinge, / *Quelle pâleur te frappe,*	40
VII	Machucada confusa em meio às folhas / *Blessée confuse dans les feuilles*	41
VIII	A música estranhíssima / *La musique saugrenue*	42
IX	Branca sob um teto de insetos, / *Blanche sous un plafond d'insectes,*	43
X	Vejo Douve estendida. / *Je vois Douve étendue.*	44
XI	Coberta pelo húmus silente do mundo, / *Couverte de l'humus silencieux du monde,*	45
XII	Vejo Douve estendida. / *Je vois Douve étendue.*	46
XIII	Teu rosto nesta noite sob a luz da terra, / *Ton visage ce soir éclairé par la terre,*	47
XIV	Vejo Douve estendida. / *Je vois Douve étendue.*	48
XV	Ó de um perfil dotada em que peleja a terra, /	
	O douée d'un profil où s'acharne la terre,	49
XVI	Moradia de um fogo escuro / *Demeure d'un feu sombre*	50
XVII	A ravina penetra pela boca agora, / *Le ravin pénètre dans la bouche maintenant,*	51
XVIII	Presença exata / *Présence exacte*	52
XIX	Primeiro dia do frio, nossa cabeça evade-se /	
	Au premier jour du froid notre tête s'évade	53

ÚLTIMOS GESTOS / *DERNIERS GESTES*

Às árvores / *Aux arbres* — 55
 Que pegar senão quem escapa, / *Que saisir sinon qui s'échape,* — 56

Única testemunha / *Le seul témoin*
 I Tendo entregue a cabeça às baixas chamas / *Ayant livré sa tête aux basses flammes* — 57
 II Foge para os salgueiros; o sorriso / *Elle fuit vers les saules; le sourire* — 58
 III O espaço pouco entre a árvore e a soleira / *Le peu d'espace entre l'arbre et le seuil* — 59
 IV Estás deveras morta ou estás brincando / *Es-tu vraiment morte ou joues-tu* — 60
 V Onde está agora o cervo que testemunhou / *Où maintenant est le cerf qui témoigna* — 61
 VI Num lamacento inverno, Douve, eu estendia /
   Sur un fangeux hiver, Douve, j'étendais — 62

Verdadeiro nome / *Vrai nom* — 63

Fênix / *Phénix* — 64
 És tu essa pedra aberta, / *Cette pierre ouverte est-ce toi,* — 65

Corpo verdadeiro / *Vrai corps* — 66

Arte poética / *Art poétique* — 67

DOUVE FALA / *DOUVE PARLE*

 Que palavra surgiu perto de mim, / *Quelle parole a surgi près de moi,* — 69
 Uma voz / *Une voix* — 70
 Outra voz / *Une autre voix* — 71
 Se esta noite é outra, não a noite, / *Si cette nuit est autre que la nuit,* — 72

Douve fala / *Douve parle*
 I Certas vezes, dizias, na alva, errante / *Quelquefois, disais-tu, errante à l'aube* — 73
 II Ó fatal estação, / *O fatale saison,* — 74
 III Que o verbo se extinga / *Que le verbe s'éteigne* — 75
 Pergunta ao senhor da noite qual é esta noite /
  Demande au maître de la nuit quelle est cette nuit — 76

Uma voz / *Une voix* — 77
 Pede para teus olhos que os rompa a noite, /
  Demande pour tes yeux que les rompe la nuit, — 78

Uma voz / *Une voix* — 79

Vozes baixas e Fênix / *Voix basses et Phénix* — 80
 Mas cale-se a que ainda vela / *Mais que se taise celle qui veille encor* — 81
 Cala-te que também somos da noite /
  Tais-toi puisqu'aussi bien nous sommes de la nuit — 82

O VIVEIRO DE PLANTAS / *L'ORANGERIE*

 Assim caminharemos / *Ainsi marcherons-nous* — 83

Hic est locus patriae / *Hic est locus patriae* -84
 O lugar era ermo, o chão sonoro e vago, / *Le lieu était désert, le sol sonore et vacant,* 85

A salamandra / *La salamandre*
 I E estás agora Douve / *Et maintenant tu es Douve* — 86
 II Toda uma noite / *Toute une nuit* — 87
 III "Olha para mim, olha para mim, / *"Regarde-moi, regarde-moi,* — 88
 IV Assim ficávamos despertos / *Ainsi restions-nous éveillés* — 89
 Ao reaparecer a salamandra, o sol / *Quand reparut la salamandre, le soleil* — 90
 Cassandra, ele dirá, mãos tintas e desertas, /
  Cassandre, dira-t-il, mains désertes et peintes, — 91

Justiça / *Justice* 92

    Eu tomarei nas mãos a tua face morta. / *Je prendrai dans mes mains ta face morte.* 93

    Será o viveiro a tua residência. / *L'orangerie sera ta résidence.* 94

Verdade / *Vérité* 95

    Tomaste de uma lâmpada e abres a porta, / *Tu as pris une lampe et tu ouvres la porte,* 96

LUGAR VERDADEIRO / *VRAI LIEU*

    Seja dado um lugar àquele que vem vindo, /
    Qu'une place soit faite à celui qui approche, 97

Capela Brancacci / *Chapelle Brancacci* 98

Lugar do combate / *Lieu du combat*

  I   Eis derrotado o cavaleiro em luto. / *Voici défait le chevalier de deuil.* 99

  II   Mas ele chora acaso numa fonte mais / *Mais pleure-t-il sur une source plus* 100

Lugar da salamandra / *Lieu de la salamandre* 101

Verdadeiro lugar do cervo / *Vrai lieu du cerf* 102

    O dia rompe a tarde, avançará / *Le jour franchit le soir, il gagnera* 103

REINANTE ONTEM DESERTO/ *HIER RÉGNANT DÉSERT* (1958)

AMEAÇAS DA TESTEMUNHA / *MENACES DU TÉMOIN*

Ameaças da testemunha / *Menaces du témoin*

  I   Que querias dispor sobre essa mesa, / *Que voulais-tu dresser sur cette table,* 107

  II   Vê, já os caminhos todos que seguias fecham-se, /
      Vois, déjà tous chemins que tu suivais se ferment, 108

  III Tu não frequentas mais este jardim, / *Tu cesses de venir dans ce jardin,* 109

  IV Estás agora só, apesar das estrelas, / *Tu es seul maintenant malgré ces étoiles,* 110

  V   Cala o vento, senhor da queixa mais antiga, /
      Le vent se tait, seigneur de la plus vieille plainte, 111

O ruído das vozes / *Le bruit des voix* 112

Praia de outra morte / *Rive d'une autre mort*

  I   A ave desvencilhada de ser Fênix / *L'oiseau qui s'est dépris d'être Phénix* 113

  II   A ave se desfará por miséria profunda, / *L'oiseau se défera par misère profonde,* 114

  III A areia é no início assim como há / *Le sable est au début comme il sera* 115

Em San Francesco, à noite / *À San Francesco, le soir* 116

Belo verão / *Le bel été* 117

    Muita vez no silêncio de uma grota / *Souvent dans le silence d'un ravin* 118

A uma pobreza / *A une pauvreté* 119

O ROSTO MORTAL / *LE VISAGE MORTEL*

    Sobre o rio do passado se debruça o dia, / *Le jour se penche sur le fleuve du passé,* 121

    Dá-se que a lâmpada queimava baixo, / *Il y a que la lampe brûlait bas,* 122

A ponte de ferro / *Le pont de fer* 123

Os espias / *Les guetteurs*

  I   Havia um corredor no fundo do jardim, / *Il y avait un couloir au fond du jardin,* 124

  II   Eu esperava, tinha medo, eu a espreitava, / *J'attendais, j'avais peur, je la guettais,* 125

A beleza / *La beauté* 126

A ordália / *L'ordalie*

I   Eu era quem caminha por cuidado / *J'étais celui qui marche par souci*   127

II   Não sei se sou o vencedor. / *Je ne sais pas si je suis vainqueur.*   128

A imperfeição é o cimo / *L'imperfection est la cime*   129

Veneranda / *Veneranda*   130

Uma voz / *Une voix*   131

Veneranda / *Veneranda*

I   Ele vem, é o gesto de uma estátua, / *Il vient, il est le geste d'une statue,*   132

II   Debruça-se. Deserto segundo outra cinza, / *Il se penche. Désert selon quelque autre cendre,*   133

III   Vem, e isso é já envelhecer. Porque te olha, / *Il vient, et c'est vieillir. Parce qu'il te regarde,*   134

Uma voz / *Une voix*   135

Veneranda / *Veneranda*   136

A noite toda / *Toute la nuit*   137

Tu hás de deitar-te sobre a terra simples, / *Tu te coucheras sur la terre simple,*   138

A memória / *La mémoire*   139

CANTO DA SALVAGUARDA / *LE CHANT DE SAUVEGARDE*

Rasgue-se o pássaro em areias, tu dizias, / *Que l'oiseau se déchire en sables, disais-tu,*   141

O pássaro chamou-me, logo vim, / *L'oiseau m'a appelé, je suis venu,*   142

Folhagem iluminada / *Le feuillage éclairé*

I   Dizes que ele ficava na outra margem, / *Dis-tu qu'il se tenait sur l'autre rive,*   143

II   A voz era de pura ironia nas árvores, / *La voix était d'ironie pure dans les arbres,*   144

III   Entretanto nas árvores, / *Mais dans les arbres,*   145

IV   Ele é a terra, a obscura, onde deves viver, / *Il est la terre, elle l'obscure, où tu dois vivre,*   146

A enfermidade do fogo / *L'infirmité du feu*   147

Tu ouvirás / *Tu entendras*   148

À voz de Kathleen Ferrier / *À la voix de Kathleen Ferrier*   149

Terra da madrugada / *Terre du petit jour*   150

A ravina / *Le ravin*   151

A eternidade do fogo / *L'éternité du feu*   152

Tu saberás que um pássaro falou, mais alto / *Tu sauras qu'un oiseau a parlé, plus haut*   153

A UMA TERRA DE ALVA / *À UNE TERRE D'AUBE*

Alva, filha das lágrimas, refaz / *Aube, fille des larmes, rétablis*   155

Uma voz / *Une voix*   156

Veneranda / *Veneranda*   157

Quanto astro haverá passado / *Combien d'astres auront franchi*   158

Apaziguada agora, tu te lembras / *Apaisé maintenant, te souviens-tu*   159

O país descoberto / *Le pays découvert*   160

Delfos do segundo dia / *Delphes du second jour*   161

Aqui, sempre aqui / *Ici, toujours ici*   162

A voz daquilo que destrói / *La voix de ce qui détruit*   163

A mesma voz, sempre / *La même voix, toujours*   164

O pássaro das ruínas / *L'oiseau des ruines*   165

DEVOÇÃO / *DÉVOTION* (1959)

I	Nas urtigas e nas pedras. / *Aux orties et aux pierres.*	*168*
II	Na "Madona da noite". / *À la "Madone du soir".*	*168*
III	Nas capelas das ilhas. / *Aux chapelles des îles.*	*168*
IV	E sempre em cais de noite, / *Et toujours à des quais de nuit,*	*169*

PEDRA ESCRITA / *PIERRE ÉCRITE* (1965)

VERÃO DE NOITE / *L'ÉTÉ DE NUIT*

Verão de noite / *L'été de nuit*

I	Parece-me, esta noite, / *Il me semble, ce soir,*	173
II	Navio de um verão / *Navire d'un été*	174
III	O movimento / *Le mouvement*	175
IV	Terra como enxarciada, / *Terre comme gréée,*	176
V	Aí está quase o instante / *Voici presque l'instant*	177
VI	Foi verão longo tempo. Uma imóvel estrela /	
	Longtemps ce fut l'été. Une étoile immobile	178
VII	Para nós não havia o verão a cruzar, / *N'avions-nous pas l'été à franchir,*	179
VIII	Mas o teu ombro rasga-se nas árvores, / *Mais ton épaule se déchire dans les arbres,*	180
IX	Águas do adormecido, árvore de ausência, / *Eaux du dormeur, arbre d'absence,*	181

Uma pedra / *Une pierre* 182

O jardim / *Le jardin* 183

Em seus cofres o sonho recolheu / *Dans ses coffres le rêve a replié* 184

A espuma, o arrecife / *L'écume, le récif* 185

A lâmpada, o adormecido / *La lampe, le dormeur*

I	Não sabia dormir sem ti, eu não ousava / *Je ne savais dormir sans toi, je n'osais pas*	186
II	Debruçava-me em ti, vale de tantas pedras, /	
	Je me penchais sur toi, vallée de tant de pierres,	187
	Boca, terás bebido / *Bouche, tu auras bu*	188

Uma pedra / *Une pierre* 189

PEDRA ESCRITA / *PIERRE ÉCRITE*

Prestígio, assim dizias, da nossa lâmpada e folhagens, / *Prestige, disais-tu, de notre lampe et des feuillages,* 191

Uma pedra / *Une pierre* 192

Lugar dos mortos / *Le lieu des morts* 193

Uma pedra / *Une pierre* 194

Lugar dos mortos / *Le lieu des morts* 195

Uma pedra / *Une pierre* 196

Uma pedra / *Une pierre* 197

Uma pedra / *Une pierre* 198

João e Joana / *Jean et Jeanne* 199

Uma pedra / *Une pierre* 200

Uma pedra / *Une pierre* 201

Uma pedra / *Une pierre* 202

Uma pedra / *Une pierre* 203

Uma pedra / *Une pierre* — 204

   A face mais sombria gritou / *La face la plus sombre a crié* — 205

   Sobre um Eros de bronze / *Sur un Éros de bronze* — 206

Uma voz / *Une voix* — 207

UM FOGO NOS PRECEDE / *UN FEU VA DEVANT NOUS*

O quarto / *La chambre* — 209

Os ombros / *L'épaule* — 210

A árvore, a lâmpada / *L'arbre, la lampe* — 211

Os caminhos / *Les chemins* — 212

   A murta / *Le myrte* — 213

O sangue, a nota si / *Le sang, la note si* — 214

A abelha, a cor / *L'abeille, la couleur* — 215

O entardecer / *Le soir* — 216

A luz do entardecer / *La lumière du soir* — 217

A paciência, o céu / *La patience, le ciel* — 218

Uma voz / *Une voix* — 219

Uma pedra / *Une pierre* — 220

A luz, mudada / *La lumière, changée* — 221

Uma pedra / *Une pierre* — 222

Uma pedra / *Une pierre* — 223

O coração, a água não turvada / *Le cœur, l'eau non troublée* — 224

A fala da noite / *La parole du soir* — 225

"Andiam, compagne belle..." / *"Andiam, compagne belle..."* — 226

O livro, para envelhecer / *Le livre, pour vieillir* — 227

O DIÁLOGO DE ANGÚSTIA E DE DESEJO / *LE DIALOGUE D'ANGOISSE ET DE DÉSIR*

I	Imagino por vezes, acima de mim, / *J'imagine souvent, au-dessus de moi,*	229
II	E eu penso em Corê a ausente; que tomou / *Et je pense à Coré l'absente; qui a pris*	230
III	Sim, é bem isso. / *Oui, c'est cela.*	231
IV	E tu, / *Et toi,*	232
V	Imagine uma noite / *Imagine qu'un soir*	233
VI	Ó com tua asa de terra e de sombra desperta-nos, / *Ó de ton aile de terre et d'ombre éveille-nous,*	234

Sobre uma pietá de Tintoretto / *Sur une pietà de Tintoret* — 235

Uma voz / *Une voix* — 236

Arte da poesia / *Art de la poésie* — 237

APRESENTAÇÃO

Mário Laranjeira

Yves Bonnefoy nasceu no dia 24 de junho de 1923, na cidade de Tours, Departamento de Indre-et-Loire, no interior da França, de pai ferroviário e mãe professora primária. Após o curso secundário realizado em sua cidade natal, estudou matemática e filosofia, tendo obtido o "baccaloréat" em 1941. Depois, na Universidade de Poitiers, e em seguida, a partir de 1943, na Sorbonne, prosseguirá os estudos de matemática superior, história das ciências e filosofia.

Adolescente ainda, despertou para a poesia lendo Valéry, mas se apegará particularmente a Baudelaire — sobre o qual fará o mestrado —, Rimbaud e Mallarmé.

Em Paris, descobre os poetas e os pintores surrealistas, chegando a frequentar o grupo de André Breton. Sua passagem pelo Surrealismo está documentada na revista *La Révolucion la Nuit*, que fundou com alguns amigos. Mantém-se, entretanto, reservado quanto a certas práticas surrealistas e rompe com o grupo em 1947. Desde então, a sua originalidade se afirma definitivamente, e ele será um daqueles inovadores que irão imprimir novos rumos à poesia francesa.

Com a publicação, em 1953, da coletânea de poemas intitulada *Du Mouvement et de l'Immobilité de Douve*, primeira de uma série que se vai ampliando durante toda esta segunda metade do século, impôs-se como criador de uma das obras poéticas maiores da França e mesmo — creio não ser temerário afirmá-lo — da literatura ocidental.

Há que se destacar também, como parte integrante da produção de Yves Bonnefoy, as suas traduções de Shakespeare, Yeats, John Donne e outros, assim como os numerosos ensaios que escreveu sobre literatura, poesia, artes plásticas e outros temas.

Também a docência se insere entre as atividades de Yves Bonnefoy: depois de ensinar em várias universidades, na França e no exterior, Yves Bonnefoy foi eleito, em 1981, para o Collège de France, onde lecionou poética até a aposentadoria, em 1993.

Mas para melhor entender a gênese da poesia de Yves Bonnefoy, talvez seja necessário voltar a considerar os tempos de sua infância. Costumava então ir passar as férias na casa dos avós, na cidadezinha de Saint-Pierre-Toirac, no vale do Rio Lot, no Quercy. A região, rude e bela, cortada por rios cujas águas límpidas cavam profundas gargantas na rocha calcárea (le Causse), registra a passagem de numerosas e sucessivas culturas:

o homem das cavernas deixou ali os seus vestígios em admiráveis pinturas rupestres; a topografia acidentada fez da região um dos últimos baluartes da resistência gaulesa à invasão romana; os romanos, vencedores, fizeram passar por aqueles vales a importante rota que ligava Lião a Bordéus; a Idade Média semeou os vales, as encostas, os cumes de igrejas e castelos-fortes; nas Idades Moderna e Contemporânea registrou-se um declínio de toda a região em benefício de outras, por razões históricas que não cabe aqui esmiuçar, mas essa "France profonde" manteve-se como um relicário do passado e um celeiro de tradições.

Como Yves Bonnefoy nunca dissociou a poesia, a prática da escrita e a reflexão sobre a arte de uma relação com o espaço, íntima e intensamente vivida[1], essa experiência infantil constitui-se no ponto de partida de seu itinerário poético, e vai perpassar toda a sua obra, como "uma espécie de mal original de nossa intuição do lugar", conforme ele mesmo afirma[2]. No dizer do crítico Michel Collot[3], "o poeta propõe-se 'reencontrar' na geografia de sua infância 'le premier arrière-pays' [o primeiro país interior], cuja busca as suas primeiras narrativas já relatavam e cujo 'componente edipiano' mal dissimulavam[4], dividido, desde as origens do pensamento ocidental, entre o Sensível e o Inteligível, a Substância e a Forma, o Conceito e a Finitude, a Gnose e a Encarnação. Bonnefoy diz ter 'oposto uma à outra, desde a mais tenra idade, duas regiões da França. [...] Minha infância foi marcada — estruturada — por *uma dualidade de lugares*, dos quais um só me pareceu valer'. Já então o ambiente próximo e cotidiano é "recusado", em benefício de um "vrai lieu", de um paraíso longínquo mas "amado" com exclusividade." Tours e Toirac; a cidade e o campo; a casa dos pais com suas restrições, limitações e imposições, e a casa dos avós com a amplidão, a liberdade, a natureza, estão na origem de toda a imagética dicotômica desenvolvida pelo poeta, numa busca quase impossível de conciliação e de superação.

Mas o sucesso da produção poética de Yves Bonnefoy se deve também à sua extraordinária clarividência, às suas admiráveis faculdades de intuição e ao profundo senso poético que preside à sua vida e à sua produção artística e intelectual, à aguda visão arquitetural e de conjunto, que talvez tenha as suas raízes nos estudos matemáticos e filosóficos a que se dedicou desde a juventude. Assim, Yves Bonnefoy, como diz Jean Starobinski[5], "conhece por experiência o atrativo do pensamento abstrato, a alegria que a mente pode experimentar em construir o edifício dos conceitos e das relações puras. Mas como Bachelard, de quem seguiu os ensinamentos científicos, também ele, depois de exaltar a ascese científica, apaixonou-se pelo que tinha rejeitado: as convicções sonhadoras, a configuração que o desejo dá ao espaço, as virtudes imaginárias que emprestamos à matéria."

É por essa convivência entre o pensamento conceptual científico e a "narrativa em sonho" que se torna difícil, na produção de Bonnefoy, separar o que é poesia do que é ensaio. Comentando concretamente a produção, o surgimento de um de seus próprios textos, ele nos diz: "Há dois verões atrás, por exemplo, eu havia escrito um pequenino

---

1) Cf. Michel Collot, *L'Horizon fabuleux II - Xxe. Siècle,* Paris, José Corti, 1988, p.137.

2) Pronunciamento no colóquio "Espace et Poésie", na École Normale Supérieure, 1984.

3) Cf. Michel Collot, *op. cit.,* p. 140.

4) Cf. *L'Arrière-pays*, Skira, 1972; *Rue Traversière,* Mercure de France, 1977 *et passim.*

5) Cf. prefácio a *Poèmes*, Ed. Gallimard, 1982, p. 12.

livro, era então mais um ensaio, e eu ia enviá-lo ao editor; anunciei-lhe que ele iria recebê-lo dentro de poucos dias; só me faltava datilografá-lo. E sentei-me diante da máquina; mas uma palavra, na segunda frase, me desagradou; eu a mudei. Pronto, toda a terceira teve de ser refeita em consequência; e de uma frase para a próxima, a coisa foi-se ampliando tanto que muito do primeiro texto se dissipou; ziguezagueou o raio de uma rasgadura, no seio do qual percebi os delineamentos de uma escrita nova, não conceptual desta vez"[6]. Assim, por um impulso interno que deságua na escrita, Yves Bonnefoy oscila entre o conceito e o devaneio na produção do texto.

O texto poético de Yves Bonefoy e sua tradução

Embora não se prenda aos formalismos da poética tradicional, a poesia de Yves Bonnefoy é sempre perpassada por um trabalho muito elaborado sobre a materialidade do signo: ritmos, sonoridades, espacialização. É ele próprio quem nos diz em seus *Entretiens sur la Poésie*: "Poeta é quem, numa língua em que há sem dúvida noções inumeráveis, ideias com pressa de dizer tudo, cria relações, não entre ideias, mas entre palavras, pela via de uma beleza de escrita que faz intervir as sonoridades, os ritmos, e toma a aparência de imagens, irredutíveis à análise."

Toda a escrita poética de Yves Bonnefoy se debate diante da incapacidade das línguas, inseridas no simbólico por sua própria natureza[7], e a percepção imediata dos seres e das coisas. Assim ele diz, a respeito do Egito antigo, que se trata de "uma civilização que mais tem o parecer-se com o inconsciente, pois que a língua deste, como a daquele, só se escreve por figuras, as quais parecem significar diferentemente, senão mais, do que indica um primeiro sentido; e é também aquela que mais dá a impressão de que dominou o seu próprio inconsciente, de que reconciliou o eros e o desejo mais fundamental de participar do ser, do todo, tão grande é a serenidade de suas criações, tão admirável é o equilíbrio que o seu estatuário mantém entre as partes do corpo, e isso nos faiscamentos desse rio de vasto curso, de cabeceiras inencontráveis, de sóis sem fim, do qual as minhas aulas de latim me diziam que era o "nihil"[8], o nada que é o tudo, a luz"[9].

Essa luta para superar o simbólico, o mediato da língua em busca do imediato na expressão se manifesta por quebras na linearidade do significante e nas associações semânticas, o que muitas vezes torna o texto, o poema obscuro, hermético no nível da mimesis e impõe uma reavaliação no nível semiótico, que permite uma explosão de sentidos responsável pela poeticidade do texto. O próprio Yves Bonnefoy é quem nos diz: "[...] Eu ia escrevendo — quero dizer, durante semanas, meses —, via tomar forma

---

6) Y. Bonnefoy, *Le Nuage rouge,* Paris, Mercure de France, 1992, p. 93.

7) "... pela primeira vez na história a gente vem ao mundo e cresce dentro apenas do conceito, isto é, na verdade, na lama da ordem simbólica deixada baldia. Eu escrevo "em sonho", mas, a meu ver, por estar preocupado com o real." "Entretien avec Yves Bonnefoy", in *L'Oeil de Boeuf,*revue littéraire trimestrielle, n. 4, junho de 1994, p. 39.

8) O nome do Rio Nilo, em francês é "Nil", parônimo de "nihil", que, em latim, significa "nada" (N. do T.)

9) "Entretien avec Yves Bonnefoy", *loc. cit.*, p. 40.

uma economia das palavras, coordenava imagens, eu era o eu segundo que se busca e se encontra nessa elaboração de uma língua — mas bruscamente algo negro, algo plúmbeo, se juntava nessa clareza relativa e algumas palavras novas se impunham a mim, palavras que rasgavam, parece, a opção primeira de escrita. De fato, [...] trata-se de associações obscuras, por metáfora ou metonímia (a ideia de um assovio, da mudança de altura de um som, associado à insistência da palavra folhagem, por exemplo), ou de enunciações quase brutais de fatos (o anúncio de um cão que morrera "ontem", quando eu nada sabia de nenhum cão — cito estes dois casos da minha experiência recente)[10].

O nível de linguagem em que está vazada a poesia de Yves Bonnefoy é marcada por um dizer personalíssimo, sempre culto, mas sem rebuscamentos. O léxico, a sintaxe, o ritmo inconfundíveis são perpassados por um "sopro" (souffle) lírico que eleva a sua produção ao nível da mais alta poesia.

Quanto à apresentação formal, o poeta oscila entre a ausência de versificação, o verso livre e um verso convencional retrabalhado e desvencilhado de amarras excessivamente constrangedoras. Na verdade, o que sempre há é um ritmo bem marcado, no sentido mais amplo que Henri Meschonnic[11] empresta a essa palavra.

Tudo o que acima ficou dito já nos diz que o empreendimento de traduzir os poemas de Yves Bonnefoy é um desafio dos maiores. Aceitei, entretanto, esse desafio, com humildade e modéstia por um lado, mas também com ousadia por outro, pois só assim poderia produzir, no ato tradutório, algo que fosse, em português, um "texto" não idêntico — o que é impossível — mas homólogo ao do grande poeta.

Com efeito, todo poema é um tipo específico de texto em que prima o trabalho sobre o significante. Tomo aqui "significante" no sentido das marcas concretas, materiais, perceptíveis e, enquanto tais, analisáveis, que o sujeito imprime no texto que gera. A impressão dessas marcas significantes que, além e acima dos sentidos referenciais, permitem o acesso à "significância", é em parte intencional, consciente — do domínio do simbólico —, e em parte involuntária, inconsciente — do domínio do semiótico —, carreando para o "fenotexto" (texto manifestado) tanto forças pulsionais, corporais, genéticas do sujeito, quanto aquelas provenientes de sua inserção histórica, cultural, social, familiar. Esses elementos inconscientes são, segundo Julia Kristeva[12], constituintes do "genotexto", que precedem e condicionam o fenotexto. Daí se pode concluir que nada é mais original e único do que o texto a que chamamos "original", base e ponto de partida de qualquer tradução — no caso que nos ocupa, a obra poética de Yves Bonnefoy. Nenhuma tradução dessa obra poderá ser-lhe "fiel", se por fiel entendemos idêntica. Eis o que justifica a modéstia que, a meu ver, deve ser a virtude maior de qualquer tradutor.

Essa modéstia, entretanto, não deve provocar o apagamento do tradutor nem tornar o seu trabalho inviável. Pelo contrário, se o tradutor admitir que o conceito de homologia deve substituir o de identidade, o seu trabalho se tornará não só possível, mas criativo e nobre, promovendo uma reavaliação de princípios e práticas que irão redefinir a ideia mesma de fidelidade.

---

10) *Le Nuage rouge,* p. 292.
11) Cf. Henri Meschonnic, *La Critique du rythme,* Paris, Verdier, 1982.
12) Cf. Julia Kristeva, *La Révolution du langage poétique,* Paris, Seuil, 1974.

A tradução, pois, só é válida se produzir um texto homólogo ao texto original. A tradução de um texto original que é um poema na língua-cultura de partida só é valida se gerar um texto que também seja um poema na língua-cultura de chegada. Mas não basta, para que se satisfaça o conceito de fidelidade acima defendido, que o texto traduzido seja um poema. É necessário que, na reescrita de sua leitura, o poeta-tradutor ou o tradutor-poeta recrie, com os elementos sonoros, rítmicos, sintáticos, semânticos disponíveis na língua-cultura receptora, o máximo de marcas textuais significantes que uma análise minuciosa, em todos os níveis, tiver apontado como constituintes e características do fenotexto original.

No caso do poema, quais são as marcas fenotextuais da significância? São múltiplas e várias, e cada texto terá as suas próprias, que lhe conferem a identidade.

Em primeiro lugar, as bases espaciais significantes, os elementos visualmente perceptíveis: o branco da página e a distribuição sobre ela da massa verbal impressa, os caracteres tipográficos, os grafismos de qualquer espécie que componham a *visilegibilidade* do texto. Antes de aceder à leitura linear, discursiva, linguística, o leitor vê globalmente o objeto textual. Essa percepção espacial é o primeiro elemento condicionante da leitura. No caso do poema, ela é retroativa e tabular. Por ela as unidades menores de significação se redefinem no conjunto do texto e adquirem valores cambiantes, plurivalentes, ultrapassando o nível da simples referencialidade.

Outra etapa consiste no exame e na análise dos elementos semânticos e sintáticos, das agramaticalidades — que devem ser reinterpretadas no nível mais elevado da semiótica —, do tom ou registro, das recorrências de qualquer natureza (fônicas, sintáticas, semânticas, etc.) dos ritmos, da melodia, de tudo aquilo, enfim, que tem valor poeticamente significante, que aponta para a atualização do sentido oblíquo ou polivalente.

É evidente que nem todas as marcas fenotextuais da significância podem ser reproduzidas na língua-cultura de chegada. O que o tradutor de poesia deve buscar não é, pois , recriar um texto idêntico — isso, como já foi dito, é totalmente impossível —, mas gerar em sua língua-cultura um texto *homólogo* ao original, isto é, que tenha marcas textuais homólogas e assim seja capaz de provocar, no leitor final, uma leitura homóloga, uma leitura em que se possam reconhecer *também* as marcas que o primeiro sujeito imprimiu em seu fenotexto, e não *apenas* as marcas advindas da operação tradutória ou recriativa. Um poema bem traduzido *cria um poema* na língua-cultura de chegada, um poema que passa a ter vida própria como qualquer poema "original" dessa língua-cultura. O que o distingue são as marcas provindas de outra língua-cultura que nele subjazem. Concebida assim, a tradução poética é perfeitamente possível e pode contribuir para o alargamento dos horizontes da cultura receptora.

Foi a partir dos princípios acima expostos que traduzi os poemas de Yves Bonnefoy que, não tenho dúvidas, virão trazer aos leitores brasileiros um enriquecimento intelectual, cultural e estético.

PREFÁCIO À EDIÇÃO BRASILEIRA

Yves Bonnefoy

Estou realmente muito feliz com a publicação de meus poemas no Brasil, e é isso que faço questão de dizer antes de mais nada. Vejo que essa versão é obra de um eminente tradutor, por quem sinto muita simpatia, o que aliás me pareceu, desde o dia em que o conheci, um sinal muito favorável; pois, se existe um terreno em que entender-se "à demi mot", como dizemos em francês, é coisa importante, é sem dúvida o da tradução.

E acontece também que, se quase nada conheço da língua "brasileira", infelizmente, a não ser a sua sonoridade, esta tem despertado em mim, de longa data, um fascínio muito intenso, do que decorre ter eu a impressão de que nessas palavras novas os meus velhos escritos vão conhecer uma feliz metamorfose: dotados daqui por diante dessas reflexões e colaborações que me parecem exprimir de maneira mais direta do que em minha língua aquilo que a realidade sensível tem de imediato e de pleno.

Mas o que tenho prazer em descobrir no trabalho de Mário Laranjeira não é apenas aquilo que os meus poemas devem a ele. É o ato do tradutor como tal, do tradutor da poesia, que não duvido ser absolutamente essencial para a vida do espírito, tanto quanto a própria criação.

Por quê? Este pensamento, de afeição pela tradução, talvez vá causar estranheza vindo de alguém que escreve frases nas quais o ajustamento recíproco das palavras e dos sons, das noções e dos ritmos parece contar tanto quanto as ideias que o texto exprime. Os sons de feltro do francês, por exemplo, esses sons em que os acentos fortes não são marcados, não ficam irremediavelmente perdidos na tradução para outra língua, o que cria o risco de apagar um boa parte da qualidade da obra primeira?

Mas a poesia não é de modo algum, a meu ver, a produção de um objeto verbal que valha por si mesmo, como é o caso de uma joia feita de ouro e de pedras preciosas. Porque ater-se a burilar assim alguns aspectos da linguagem é ficar em paz com ela: ora, não se é verdadeiramente poeta, parece-me, senão quando se tem impaciência com o idioma pelo mesmo tanto quanto se tem amor por ele. A linguagem nos dá um mundo, é verdade, devemos-lhe os objetos com que vivemos e muitos aspectos das coisas, que ela nos revela. Mas as palavras pelas quais esses objetos, esses aspectos, e a ideia que deles temos tomam forma, a ponto de logo ocupar todo o campo de nossa experiência; essas palavras são, cada uma, portadoras de representações simplesmente mentais, definitivamente abstratas, que nada sabem do instante que se tem a viver, nada do lugar em isso se dá, nada, em suma, do acaso pelo qual nós somos, nada do tempo em suma, do acaso pelo qual nós somos, nada do tempo que é a relação mais íntima a nós mesmos, nada daquilo a que chamarei a nossa finitude. E, em consequência disso, esse mundo que a linguagem nos proporciona não passa de uma imagem, que nos priva para sempre da intensidade, do brilho daquilo que a realidade pode ter de imediato, de pleno, em torno de nós e também nas profundezas de nosso ser.

A linguagem nos rouba da "verdadeira vida"; e compreender isso é a poesia, que se prende ao som das palavras, é verdade —, às suas aliterações, assonâncias, ritmos —, mas não para casá-las com as noções da língua, aos seus conceitos, na beleza de fórmulas que seriam assim como um ato de devoção à linguagem. O que busca essa música que se eleva do poeta apaixonado pela intensidade do instante, lembrado das riquezas do imediato, é concorrer com o encadeamento dos conceitos, desorganizá-los, atenuar assim a sua autoridade sobre a nossa consciência e fazer então, afinal, com que se lhes rasgue o véu, através do qual aparecerá um pouco dessa realidade do instante, do lugar, que são esse bem de que a palavra comum nos faz sentir a falta; falta que acarreta tantos desequilíbrios e tantos males na existência e na sociedade.

A poesia é essa luta contra a língua. O que se sente como sendo a beleza do poema é esse forçar, pelo autor, daquilo que a palavra conceptual do nosso existir cotidiano procura nos dizer e nos impor; são os estranhos clarões que sobem desse abismo entreaberto.

E nessas condições a tradução não é uma tarefa fadada tão desesperadamente quanto se poderia crer a afligir-se com os seus sacrifícios, a temer para si uma perda tanto quanto um ganho. O que deve fazer o tradutor da poesia, senão fazer ouvir na obra que traduz a intuição própria, e o voto, da poesia como tal? Quer dizer, gritar com o poeta que a língua que falamos nos toma tanto quanto nos dá? Mas se assim acontece mesmo com as dificuldades que são as suas, quando ele pretende preservar os poderes de uma palavra estrangeira em sua língua que a isso se recusa, estão aí outras tantas oportunidades de se dar conta de que as línguas não são do mundo mais do que imagens parciais; se, mesmo o francês, que eu tanto amo, mesmo o "brasileiro", que tem um som tão belo que, dizia eu há pouco, surpreendo-me a sonhar que ele detém as chaves da presença sensível. A tradução oferece ao tradutor compreender aquilo que o poeta sabe, dito de outra forma; por esse mesmo fato ela lhe permite, alertado como doravante está para a irrealidade da linguagem, opor, como esse mesmo poeta, a música das palavras ao encadeamento do conceito. O tradutor está em situação de se fazer poeta pelas dificuldades mesmas de seu ato tradutor. Ele pode fazer aparecer a verdade da poesia mesmo que tenha de renunciar a este ou àquele aspecto de detalhe no reescrever de um poema. — E eis aí por que eu gosto de que haja traduções, traduções da poesia, nas nossas sociedades em que esta é tão constantemente ocultada pelas formas diversas do pensamento: que essas tentativas sejam corajosas, que levem até o fim a experiência que seu trabalho lhes permite, e elas serão aquilo que melhor pode incitar o espírito a se desacorrentar, a se voltar para a origem.

Sonha-se às vezes, aqui ou ali mundo afora, com uma língua única em cujo seio se lançariam os diversos idiomas da nossa época, como afluentes num vasto rio; e o tradutor teria então a função de preparar a chegada desse acontecimento colocando-se nos lugares em que as línguas se encontram lado a lado e podem clarificar-se uma pela graça da outra. A ideia é bela, devido ao faiscar que se imagina ao longe, no limiar do oceano desconhecido que acolheria essas correntes tornadas lentas pela água mais escura. Mas essa ideia não toma consciência do que se daria nesse devir da linguagem. De que maneira duas línguas poderiam aproximar-se, de fato, em algum ponto, sem operar essa junção pela constatação de uma analogia que se revelaria entre conceitos? Como poderia o seu parentesco aprofundar-se, ampliar-se, senão por um interesse cada vez maior pelos conceitos, pela visão exterior das coisas? Com toda a evidência, é isso que aconteceria, e a representação do mundo que daí resultaria só seria assim mais diferenciada e mais e mais abrangente se fizesse esquecer de modo ainda mais insidioso a verdade do instante que se vive, para além das palavras, na unidade reencontrada da pessoa e do ser. A língua única? Isso não seria, agora sem freio, senão a iniciação à ideologia que é o fechar-se sobre si mesmo de um sistema de conceitos, gerando a insatisfação e a guerra. Ao se ter saudade da época que precedeu Babel, esquece-se com demasiada facilidade de que ela é a mesma que projetava a torre orgulhosa em que se pode reconhecer uma metáfora perfeita do pensamento conceptual, erguida cegamente contra o mundo, contra a vida.

Não lamentemos a queda da torre, a diversidade das línguas! Amemos essa relatividade de cada uma que deixa bem visíveis em sua palavra essas insuficiências que se abrem para a memória da origem. E amemos traduzir, pois que é entregar-se ao trabalho da escritura em pontos onde essa relatividade, essa insuficiência se marcam, o que rasga o véu, e devolve a quem opera na palavra a coragem de dela fazer poesia.

ANTI-PLATÃO

(1947)

ANTI-PLATON

I

Trata-se mesmo *deste* objeto: cabeça de cavalo, tamanho maior que o natural, onde se incrusta toda uma cidade, com ruas e muralhas a correr entre os olhos, casando-se ao meandro e ao alongamento do focinho. Um homem soube erguer de madeira e papelão essa cidade, e iluminá-la de viés com lua de verdade, trata-se mesmo *deste* objeto: a cabeça de cera de uma mulher a girar desgrenhada no prato de um fonógrafo.

Coisas todas daqui, terra do vime, do vestido, da pedra, quer dizer: terra da água sobre os vimes e as pedras, terra das vestes manchadas. Esse riso coberto de sangue, eu vo-lo digo, traficantes de eterno, rostos simétricos, ausência de olhar, pesa mais na cabeça do homem do que as perfeitas Ideias, que só sabem desbotar sobre sua boca.

I / Il s'agit bien de *cet* objet: tête de cheval plus grande que nature où s'incruste toute une ville, ses rues et ses remparts courant entre les yeux, épousant le méandre et l'allongement du museau. Un homme a su construire de bois et de carton cette ville, et l'éclairer de biais d'une lune vraie, il s'agit bien de *cet* objet: la tête en cire d'une femme tournant échevelée sur le plateau d'un phonographe. // Toutes choses d'ici, pays de l'osier, de la robe, de la pierre, c'est-à-dire: pays de l'eau sur les osiers et les pierres, pays des robes tachées. Ce rire couvert de sang, je vous le dis, trafiquants d'éternel, visages symétriques, absence du regard, pèse plus lourd dans la tête de l'homme que les parfaites Idées, qui ne savent que déteindre sur sa bouche.

II

A arma monstruosa um machado com cornos de
     sombra levado sobre as pedras,
Arma do palor e do grito quando rolas ferida em
     teu vestido de festa,
Um machado pois preciso é que o tempo se afaste
     em tua nuca,
Ó pesada e todo o peso de um país em tuas mãos cai
     a arma.

II / L'arme monstrueuse une hache aux cornes d'ombre / portée sur les pierres, / Arme de la pâleur et du cri quand tu tournes blessée / dans ta robe de fête, / Une hache puisqu'il faut que le temps s'éloigne sur ta / nuque, / Ó lourde et tout le poids d'un pays sur tes mains l'arme / tombe.

III

Que sentido dar a isto: um homem forma em cera e em cores um simulacro de mulher, enfeita-o com as semelhanças todas, obriga-o a viver, dá-lhe num jogo sábio de iluminação essa hesitação mesma à beira do movimento que também o sorriso exprime.

Arma-se depois com uma tocha, abandona o corpo inteiro aos caprichos da chama, assiste à deformação, às rupturas da carne, projeta num instante mil figuras possíveis, de tantos monstros se ilumina, sente como uma faca essa fúnebre dialética em que a estátua de sangue renasce e se divide, na paixão da cera, das cores?

III / Quel sens prêter à cela: un homme forme de cire et de couleurs le simulacre d'une femme, le pare de toutes les ressemblances, l'oblige à vivre, lui donne par un jeu d'éclairages savant cette hésitation même au bord du mouvement qu'exprime aussi le sourire. // Puis s'arme d'une torche, abandonne le corps entier aux caprices de la flamme, assiste à la déformation, aux ruptures de la chair, projette dans l'instant mille figures possibles, s'illumine de tant de monstres, ressent comme un couteau cette dialectique funèbre où la statue de sang renaît et se divise, dans la passion de la cire, des couleurs?

IV

O país do sangue prossegue sob as vestes em corridas
      sempre negras
Quando se diz, Aqui começa a carne de noite e se cobrem
      de areia as falsas vias
E tu sábia escavas para a luz altas
      lâmpadas nos rebanhos
E te derrubas na soleira do país insípido da morte.

IV / Le pays du sang se poursuit sous la robe en courses / toujours noires / Quand on dit, Ici commence la chair de nuit et s'ensablent les fausses routes / Et toi savante tu creuses pour la lumière de hautes / lampes dans les troupeaux / Et te renverses sur le seuil du pays fade de la mort.

V

Cativo de uma sala, do ruído, um homem mistura as cartas. Numa: "Eternidade, odeio-te!" Noutra: "Liberte-me este instante!"

E numa terceira ainda escreve o homem: "Indispensável morte." Assim na falha do tempo vai ele a caminhar, iluminado pela sua ferida.

V / Captif d'une salle, du bruit, un homme mêle des cartes. Sur l'une: "Éternité, je te hais!" Sur une autre: "Que cet instant me délivre!" // Et sur une troisième encore l'homme écrit: "Indispensable mort." Ainsi sur la faille du temps marche-t-il, éclairé par sa blessure.

VI

Somos de um mesmo país na boca da terra,
Tu num só jato de lava com a cumplicidade das folhagens
E aquele a quem chamam eu quando entardece
E se abrem as portas e se fala de morte.

VI / Nous sommes d'un même pays sur la bouche de la terre, / Toi d'un seul jet de fonte avec la
complicité des feuillages / Et celui qu'on appelle moi quand le jour baisse / Et que les portes s'ouvrent
et qu'on parle de mort.

VII

Nada pode arrancá-lo à obsessão do quarto escuro. Debruçado numa tina ele tenta fixar sob o lençol d'água o rosto: sempre triunfa o movimento dos lábios.

Rosto desarvorado, rosto em perdição, basta tocar-lhe os dentes para que ela morra? À passagem dos dedos ela pode sorrir, como cede a areia sob os passos.

VII / Rien ne peut l'arracher à l'obsession de la chambre noire. Penché sur une cuve essaye-t-il de fixer sous la nappe d'eau le visage: toujours le mouvement des lèvres triomphe. // Visage démâté, visage en perdition, suffit-il de toucher ses dents pour qu'elle meure? Au passage des doigts elle peut sourire, comme cède le sable sous les pas.

VIII

Cativa entre dois ladrões de superfícies verdes calcinada
E tua cabeça pedregosa entregue ao drapear do vento,
Olho-te penetrar no estio (qual manta fúnebre no quadro
        das urzes negras),
Escuto-te gritar no reverso do estio.

VIII / Captive entre deux voleurs de surfaces vertes calcinée / Et ta tête pierreuse offerte aux draperies du vent, / Je te regarde pénétrer dans l'été (comme une mante / funèbre dans le tableau des herbes noires), / Je t'écoute crier au revers de l'été.

IX

Dizem-lhe: cava essa pouca terra móvel, sua cabeça, até que encontrem teus dentes uma pedra.

Sensível tão somente à modulação, à passagem, ao estremecimento do equilíbrio, à presença afirmada em sua já explosão de parte em parte, ele busca o frescor da invasora morte, facilmente triunfa de uma eternidade sem juventude e de uma perfeição sem ardência.

Em torno dessa pedra ferve o tempo. De ter tocado essa pedra: giram as lâmpadas do mundo, circula a luz secreta.

IX / On lui dit: creuse ce peu de terre meuble, sa tête, jusqu'à ce que tes dents retrouvent une pierre. // Sensible seulement à la modulation, au passage, au frémissement de l'équilibre, à la présence affirmée dans son éclatement déjà de toute part, il cherche la fraîcheur de la mort envahissante, il triomphe aisément d'une éternité sans jeunesse et d'une perfection sans brûlure. // Autour de cette pierre le temps bouillonne. D'avoir touché cette pierre: les lampes du monde tournent, l'éclairage secret circule.

DO MOVIMENTO E DA IMOBILIDADE DE DOUVE

(1953)

DU MOUVEMENT ET DE L'IMMOBILITE DE DOUVE

"Mas vida do espírito não se apavora diante da morte e não é a que dela se preserva pura. Ela é a vida que a suporta e nela se mantém."

"Mais la vie de l'esprit ne s'effraie point devant la mort et n'est pas celle qui s'en garde pure. Elle est la vie qui la supporte et se maintient en elle."

Hegel

TEATRO

I

Eu te via correndo nos terraços,
Eu te via lutando contra o vento,
Sangrava o frio nos teus lábios.

E eu te vi romper-te e gozar de estar morta ó mais bela
Do que o raio, quando mancha as vidraças brancas com teu sangue.

THÉÂTRE
I / Je te voyais courir sur des terrasses, / Je te voyais lutter contre le vent, / Le froid saignait sur tes
lèvres. // Et je t'ai vue te rompre et jouir d'être morte ô plus belle / Que la foudre, quand elle tache
les vitres blanches de ton sang.

II

O verão envelhecendo te encarquilha de um prazer monótono,
desprezávamos a embriaguez imperfeita de viver

"Antes a hera, dizias, o apegar-se da hera nas pedras da sua
noite: presença sem saída, rosto sem raiz.

"Última vidraça feliz a que rasga a unha solar, antes lá na
montanha a vila onde morrer.

"Antes o vento..."

II / L'été vieillissant te gerçait d'un plaisir monotone, nous méprisions l'ivresse imparfaite de vivre. //
"Plutôt le lierre, disais-tu, l'attachement du lierre aux pierres de sa nuit: présence sans issue, visage
sans racine. // "Dernière vitre heureuse que l'ongle solaire déchire, plutôt dans la montagne ce village
où mourir. // "Plutôt ce vent..."

III

Tratava-se de um vento a vencer nossas memórias,
Estupor das vestes e grito das rochas — e tu passavas diante
          dessas chamas
Cabeça esquadrinhada e mãos fendidas toda
À procura da morte nos tambores exultantes dos teus
          gestos

Era dia de teus seios
E reinavas ausente já da minha mente.

III / Il s'agissait d'un vent plus fort que nos mémoires, / Stupeur des robes et cri des rocs — et tu passais devant / ces flammes / La tête quadrillée les mains fendues et toute / En quête de la mort sur les tambours exultants de tes / gestes. // C'était jour de tes seins / Et tu régnais enfin absente de ma tête.

IV

Acordo, está chovendo. O vento te penetra, Douve, landa resinosa dormindo ao pé de mim. Estou num terraço, num buraco da morte. Grandes cães de folhagem estremecem.

O braço que levantas, de chofre, numa porta, me ilumina através das idades. Vila de brasa, a cada instante vejo-te nascer, Douve,

A cada instante morrer.

IV / Je me réveille, il pleut. Le vent te pénètre, Douve, lande résineuse endormie près de moi. Je suis sur une terrasse, dans un trou de la mort. De grands chiens de feuillages tremblent. // Le bras que tu soulèves, soudain, sur une porte, m'illumine à travers les âges. Village de braise, à chaque instant je te vois naître, Douve, // A chaque instant mourir.

V

O braço que se ergue e o braço que se volta
Só são de um mesmo instante em nossas mentes lerdas,
Mas retirado o estofo de verdor e lama
Apenas resta um fogo do reino da morte.

Desguarnecida perna em que o tufão penetra
Arrastando consigo cabeças de chuva
Só vos há de aclarar à porta desse reino,
Gestos de Douve, gestos já mais lentos, gestos negros.

V / Le bras que l'on soulève et le bras que l'on tourne / Ne sont d'un même instant que pour nos lourdes têtes, / Mais rejetés ces draps de verdure et de boue / Il ne reste qu'un feu du royaume de mort. // La jambe démeublée où le grand vent pénètre / Poussant devant lui des têtes de pluie / Ne vous éclairera qu'au seuil de ce royaume, / Gestes de Douve, gestes déjà plus lents, gestes noirs.

VI

Que palidez te atinge, rio subterrâneo, que artéria em ti se rompe, onde da tua queda o eco estronda?

Esse braço que ergues súbito se abre, se inflama. O teu rosto recua. Que bruma crescente o teu olhar me arranca? Lenta falésia em sombra, fronteira da morte.

Braços mudos te acolhem, árvores de outra margem.

VI / Quelle pâleur te frappe, rivière souterraine, quelle artère en toi se rompt, où l'écho retentit de ta chute? // Ce bras que tu soulèves soudain s'ouvre, s'enflamme. Ton visage recule. Quelle brume croissante m'arrache ton regard? Lente falaise d'ombre, frontière de la mort. // Des bras muets t'accueillent, arbres d'une autre rive.

VII

Machucada confusa em meio às folhas
Mas presa pelo sangue em pistas que se perdem,
Do viver ainda cúmplice.

Coberta pela areia ao termo da tua luta
Hesitares te vi entre o silêncio e a água,
E, manchavam-te a boca as últimas estrelas,
Romper num grito horrendo de velar-te a noite.

Ó nesse ar duro a erguer de súbito qual rocha
Belo gesto de hulha.

VII / Blessée confuse dans les feuilles / Mais prise par le sang de pistes qui se perdent, / Complice
encor du vivre. // Je t'ai vue ensablée au terme de ta lutte / Hésiter aux confins du silence et de l'eau, /
Et la bouche souillée des dernières étoiles / Rompre d'un cri l'horreur de veiller dans ta nuit. // O
dressant dans l'air dur soudain comme une roche / Un beau geste de houille.

VIII

A música estranhíssima começa pelas mãos, pelos joelhos, e é a cabeça que estala, a música se afirma sob os lábios, sua certeza penetra a vertente subterrânea do rosto.

Agora se deslocam os arcabouços faciais. Agora se procede ao arrancar da vista.

VIII / La musique saugrenue commence dans les mains, dans les genoux, puis c'est la tête qui craque, la musique s'affirme sous les lèvres, sa certitude pénètre le versant souterrain du visage. // À présent se disloquent les menuiseries faciales. À présent l'on procède à l'arrachement de la vue.

IX

Branca sob um teto de insetos, pouca luz, de
     perfil
E tua roupa manchada do veneno das lâmpadas,
Descubro-te estendida,
Tua boca mais alta que um rio a se quebrar ao longe
     sobre a terra.

Ente desfeito a que compõe o ente invencível,
Presença retomada na tocha do frio,
Ó vigilante sempre eu te descubro morta,
Douve dizendo Fênix velo neste frio.

IX / Blanche sous un plafond d'insectes, mal éclairée, de / profil / Et ta robe tachée du venin des lampes, / Je te découvre étendue, / Ta bouche plus haute qu'un fleuve se brisant au loin / sur la terre. // Être défait que l'être invincible rassemble, / Présence ressaisie dans la torche du froid, / O guetteuse toujours je te découvre morte, / Douve disant Phénix je veille dans ce froid.

X

Vejo Douve estendida. No mais alto do espaço carnal ouço-lhe o ruído. Os príncipes-negros apressam as mandíbulas através desse espaço onde as mãos de Douve se desdobram, ossos alijados de suas carnes mutando-se em tela cinza que a aranha maciça alumia.

X / Je vois Douve étendue. Au plus haut de l'espace charnel je l'entends bruire. Les princes-noirs hâtent leurs mandibules à travers cet espace où les mains de Douve se développent, os défaits de leur chair se muant en toile grise que l'araignée massive éclaire.

XI

Coberta pelo húmus silente do mundo,
Perpassada dos raios de uma aranha viva,
Já submetida a esse devir da areia
E toda esquartejada secreto saber.

Para uma festa no vazio ornada
E dentes descobertos como para o amor

Fonte da minha morte ali insustentável.

XI / Couverte de l'humus silencieux du monde, / Parcourue des rayons d'une araignée vivante, / Déjà soumise au devenir du sable / Et tout écartelée secrète connaissance. // Parée pour une fête dans le vide / Et les dents découvertes comme pour l'amour, // Fontaine de ma mort présente insoutenable.

XII

Vejo Douve estendida. Na cidade escarlate do ar, onde combatem galhos no seu rosto, onde raízes acham caminho no seu corpo – ela irradia uma estridente alegria de insetos, uma música horrenda.

Ao passo negro da terra, Douve devastada, exultante, alcança a lâmpada nodosa dos planaltos.

XII / Je vois Douve étendue. Dans la ville écarlate de l'air, où combattent les branches sur son visage, où des racines trouvent leur chemin dans son corps — elle rayonne une joie stridente d'insectes, une musique affreuse. // Au pas noir de la terre, Douve ravagée, exultante, rejoint la lampe noueuse des plateaux.

XIII

Teu rosto nesta noite sob a luz da terra,
Mas teus olhos eu vejo corromper-se
E já não tem sentido a palavra rosto.

O mar interior à luz de águias girando,
Isto é uma figura.
Mantenho-te fria numa profundeza em que as figuras já
     não pegam.

XIII / Ton visage ce soir éclairé par la terre, / Mais je vois tes yeux se corrompre / Et le mot visage n'a plus de sens. // La mer intérieure éclairée d'aigles tournants, / Ceci est une image. / Je te détiens froide à une profondeur où les images ne / prennent plus.

XIV

Vejo Douve estendida. Numa sala branca, olhos cercados de gesso, boca vertiginosa e mãos condenadas ao mato luxuriante que de todo lado a invade.

Abre-se a porta. Uma orquestra se adianta. E olhos facetados, tórax peludos, cabeças frias com bicos, com mandíbulas, a inundam.

XIV / Je vois Douve étendue. Dans une pièce blanche, les yeux cernés de plâtre, bouche vertigineuse et les mains condamnées à l'herbe luxuriante qui l'envahit de toutes parts. // La porte s'ouvre. Un orchestre s'avance. Et des yeux à facettes, des thorax pelucheux, des têtes froides à becs, à mandibules, l'inondent.

XV

Ó de um perfil dotada em que peleja a terra,
Eu vejo-te sumir.

A erva nua em teus lábios e o brilho do sílex
Inventam o teu último sorriso.

Funda ciência onde se calcina
O velho bestiário cerebral.

XV / O douée d'un profil où s'acharne la terre, / Je te vois disparaître. // L'herbe nue sur tes lèvres et
l'éclat du silex / Inventent ton dernier sourire, // Science profonde où se calcine / Le vieux bestiaire
cérébral.

XVI

Moradia de um fogo escuro aonde convergem nossos pendores! Sob seus arcos vejo-te luzir, Douve imóvel, presa na rede vertical de morte.

Douve genial, derribada: quando ao passo dos sóis no espaço fúnebre, acede lentamente aos estágios inferiores.

XVI / Demeure d'un feu sombre où convergent nos pentes! Sous ses voûtes je te vois luire, Douve immobile, prise dans le filet vertical de la mort. // Douve géniale, renversée: quand au pas des soleils dans l'espace funèbre, elle accède lentement aux étages inférieurs.

XVII

A ravina penetra pela boca agora,
Os cinco dedos se espalham em acasos de floresta agora,
A cabeça primeiro escorre entre o capim agora,
A garganta se pinta de neve e de lobos agora,
Os olhos ventam sobre que passageiros da morte e somos
        nós nesse vento nessa água e nesse frio
        agora.

XVII / Le ravin pénètre dans la bouche maintenant, / Les cinq doigts se dispersent en hasards de forêt / maintenant, / La tête première coule entre les herbes maintenant, / La gorge se farde de neige et de loups maintenant, / Les yeux ventent sur quels passagers de la mort et c'est / nous dans ce vent dans cette eau dans ce froid / maintenant.

XVIII

Presença exata que chama alguma doravante poderá tolher; comboieira do frio secreto; viva, desse sangue que renasce e cresce onde se rasga o poema.

Era preciso assim apareceres nos limites surdos, e de um sítio funéreo em que tua luz arruína, submeteres-te à prova.

Ó mais bela e a morte infusa no teu sorriso! Ouso agora encontrar-te, sustento o brilho dos teus gestos.

XVIII / Présence exacte qu'aucune flamme désormais ne saurait restreindre; convoyeuse du froid secret; vivante, de ce sang qui renaît et s'accroît où se déchire le poème. // Il fallait qu'ainsi tu parusses aux limites sourdes, et d'un site funèbre où ta lumière empire, que tu subisses l'épreuve. // O plus belle et la mort infuse dans ton rire! J'ose à présent te rencontrer, je soutiens l'éclat de tes gestes.

XIX

Primeiro dia do frio, nossa cabeça evade-se
Como um preso a fugir pelo ozônio maior,
Mas Douve de um instante essa flecha recai
E quebra-lhe no chão as palmas da cabeça.

Pensáramos assim reencarnar os gestos,
Mas negada a cabeça água fria bebemos,
E pacotes de morte pavimentam-te o riso,
Brecha que se tentou na espessura do mundo.

XIX / Au premier jour du froid notre tête s'évade / Comme un prisonnier fuit dans l'ozone majeur, / Mais Douve d'un instant cette flèche retombe / Et brise sur le sol les palmes de sa tête. // Ainsi avions-nous cru réincarner nos gestes, / Mais la tête niée nous buvons une eau froide, / Et des liasses de mort pavoisent ton sourire, / Ouverture tentée dans l'épaisseur du monde.

ÚLTIMOS GESTOS

ÀS ÁRVORES

Vós que vos apagastes à sua passagem,
Que sobre ela fechastes os vossos caminhos,
Impassíveis avais de que até morta Douve
Há de ser luz, ainda não sendo nada.

Vós fibrosa matéria e densidade,
Árvores, junto a mim quando ela se lançou
Na embarcação dos mortos e boca fechada
Ao óbolo de fome, de frio e silêncio.

Ouço através de vós que diálogo ela tenta
Com esses cães, com esse informe bateleiro,
E eu pertenço a vós pelo seu caminhar
Por entre tanta noite e apesar deste rio.

O trovão tão profundo a vos rolar nos galhos,
As festas que ele inflama ao cume do verão
Sinalam que ela liga a sua fortuna à minha
Pela mediação da vossa austeridade.

DERNIERS GESTES
AUX ARBRES / Vous qui vous êtes effacés sur son passage, / Qui avez refermé sur elle vos chemins, / Impassibles garants que Douve même morte / Sera lumière encore n'étant rien. // Vous fibreuse matière et densité, / Arbres, proches de moi quand elle s'est jetée / Dans la barque des morts et la bouche serrée /Sur l'obole de faim, de froid et de silence. // J'entends à travers vous quel dialogue elle tente / Avec les chiens, avec l'informe nautonier, / Et je vous appartiens par son cheminement / À travers tant de nuit et malgré tout ce fleuve. // Le tonnerre profond qui roule sur vos branches, / Les fêtes qu'il enflamme au sommet de l'été / Signifient qu'elle lie sa fortune à la mienne / Dans la médiation de votre austérité.

Que pegar senão quem escapa,
Que ver senão quem se escurece,
Que desejar senão quem morre,
Senão quem fala e se lacera?

Palavra perto de mim
Que buscar senão teu silêncio,
Que luzir senão profundo
Tua consciência sepulta,

Palavra lance material
Sobre a origem e a noite?

Que saisir sinon qui s'échappe, / Que voir sinon qui s'obscurcit, / Que désirer sinon qui meurt, / Sinon
qui parle et se déchire? // Parole proche de moi / Que chercher sinon ton silence, / Quelle lueur sinon
profonde / Ta conscience ensevelie, // Parole jetée matérielle / Sur l'origine et la nuit?

ÚNICA TESTEMUNHA

I

Tendo entregue a cabeça às baixas chamas
Do mar, tendo perdido as mãos
Na sua ansiosa profundeza, arremessado
Às matérias da água a cabeleira,
Estando morta, pois morrer é esse caminho
De verticalidade sob a luz,
E ébria ainda que morta: ó eu fui,
Mênade consumida, alegria e perfídia,
Única testemunha, única besta presa
Nas redes da tua morte, outrora areias
Ou rochas ou calor, teu signo tu dizias.

LE SEUL TÉMOIN / I / Ayant livré sa tête aux basses flammes / De la mer, ayant perdu ses mains / Dans son anxieuse profondeur, ayant jeté / Aux matières de l'eau sa chevelure; / Étant morte, puisque mourir est ce chemin / De verticalité sous la lumière, / Et ivre encore étant morte: ô je fus, / Ménade consumée, dure joie mais perfide, / Le seul témoin, la seule bête prise / Dans ces rets de ta mort que furent sables / Ou rochers ou chaleur, ton signe disais-tu.

II

Foge para os salgueiros; o sorriso
Das árvores a envolve, simulando
A alegria de um jogo. Mas a luz
É sombria em suas mãos de suplicante,
E o fogo vem lavar-lhe a face, encher-lhe a boca
E o corpo relançar no abismo dos salgueiros.

Ó tu que cais do flanco da mesa osiriana
Para as águas da morte!
Uma última vez com os teus seios
Aclarando os convivas.
Mas espalhando a luz da gélida cabeça
Sobre os estéreis sítios infernais.

II / Elle fuit vers les saules; le sourire / Des arbres l'enveloppe, simulant / La joie simple d'un jeu. Mais la lumière / Est sombre sur ses mains de suppliante, / Et le feu vient laver sa face, emplir sa bouche / Et rejeter son corps dans le gouffre des saules. // O t'abîmant du flanc de la table osirienne / Dans les eaux de la mort! / Une dernière fois de tes seins / Éclairant les convives. / Mais répandant le jour de ta tête glacée / Sur la stérilité des sites infernaux.

III

O espaço pouco entre a árvore e a soleira
Basta para lançares-te ainda e para morreres
E para eu crer que vivo sob a luz
De sombras que tu foste.

E esquecer
O teu rosto a clamar em cada muro,
Ó Mênade talvez reconciliada
Com tanta sombra assim feliz na pedra.

III / Le peu d'espace entre l'arbre et le seuil / Suffit pour que tu t'élances encore et que tu meures /
Et que je croie revivre à la lumière / D'ombrages que tu fus. // Et que j'oublie / Ton visage criant sur
chaque mur, / O Ménade peut-être réconciliée / Avec tant d'ombre heureuse sur la pierre.

IV

Estás deveras morta ou estás brincando
Ainda a simular palor e sangue,
Ó tu que ao sono com paixão te entregas
Como se sabe só morrer?

Estás deveras morta ou estás brincando
Ainda em todo espelho
A perder teu reflexo, e teu calor, teu sangue
Nesse escurecimento de um semblante imóvel?

IV / Es-tu vraiment morte ou joues-tu / Encore à simuler la pâleur et le sang, / O toi passionnément au sommeil qui te livres / Comme on ne sait que mourir? // Es-tu vraiment morte ou joues-tu / Encore en tout miroir / A perdre ton reflet, ta chaleur et ton sang / Dans l'obscurcissement d'un visage immobile?

V

Onde está agora o cervo que testemunhou
Sob essas árvores de justiça,
Que por ela se abriu uma estrada de sangue,
Um silêncio por ela novo se inventou.

Com seu vestido, lago todo areia, como frio,
Como cervo acossado à orla do bosque,
Que ela morreu, com seu vestido mais bonito,
E de uma terra viperina ela voltou?

V / Où maintenant est le cerf qui témoigna / Sous ces arbres de justice, / Qu'une route de sang par elle fut ouverte, / Un silence nouveau par elle inventé. // Portant sa robe comme lac de sable, comme froid, / Comme cerf pourchassé aux lisières, / Qu'elle mourut, portant sa robe la plus belle, / Et d'une terre vipérine revenue?

VI

Num lamacento inverno, Douve, eu estendia
Tua face luzente e baixa de floresta.
Tudo se esvai, pensei, tudo se afasta.

Eu te revi violenta e rindo sem retorno,
Com teu cabelo à noite de estações faustosas
Dissimular o brilho em rosto macilento.

Eu te revi furtiva. As árvores beirando
Aparecer qual fogo quando o outono aperta
O estrondo do trovão no seio da galhada.

Ó mais negra e deserta! Enfim eu te vi morta,
Implacável corisco a que o nada suporta,
Vidraça que se apaga, e de escura morada.

VI / Sur un fangeux hiver, Douve, j'étendais / Ta face lumineuse et basse de forêt. / Tout se défait,
pensai-je, tout s'éloigne. // Je te revis violente et riant sans retour, / De tes cheveux au soir d'opulentes
saisons / Dissimuler l'éclat d'un visage livide. // Je te revis furtive. En lisière des arbres / Paraître
comme un feu quand l'automne resserre / Tout le bruit de l'orage au coeur des frondaisons. // O plus
noire et déserte! Enfin je te vis morte, / Inapaisable éclair que le néant supporte, / Vitre sitôt éteinte,
et d'obscure maison.

VERDADEIRO NOME

Eu chamarei deserto ao castelo que foste,
Noite a essa voz, ausência ao teu semblante,
E ao caíres um dia nessa terra estéril
Eu chamarei de nada o raio teu raptor.

Morrer é um país de que gostavas. Venho
Mas pela eternidade em teus negros caminhos.
Destruo o teu desejo, a forma e a memória,
Eu sou teu inimigo e não terei piedade.

Eu te chamarei guerra e tomarei
Contigo as liberdades da guerra e terei
Nas mãos esse teu rosto escuro e trespassado,
No meu peito o país que em tempestade luz.

A luz profunda necessita pra surgir
De uma terra talada e a arrebentar de noite.
De lenha tenebrosa é que a chama se exalta.
Mesmo para a palavra é preciso matéria,
Uma inerte ribeira além de todo canto.

Tens de passar a morte por que vivas,
A mais pura presença é sangue derramado.

VRAI NOM / Je nommerai désert ce château que tu fus, / Nuit cette voix, absence ton visage, / Et quand tu tomberas dans la terre stérile / Je nommerai néant l'éclair qui t'a porté. // Mourir est un pays que tu aimais. Je viens / Mais éternellement par tes sombres chemins. / Je détruis ton désir, ta forme, ta mémoire, / Je suis ton ennemi qui n'aura de pitié. // Je te nommerai guerre et je prendrai / Sur toi les libertés de la guerre et j'aurai / Dans mes mains ton visage obscur et traversé, / Dans mon cœur ce pays qu'illumine l'orage. // La lumière profonde a besoin pour paraître / D'une terre rouée et craquante de nuit. / C'est d'un bois ténébreux que la flamme s'exalte. / Il faut à la parole même une matière, / Un inerte rivage au delà de tout chant. // Il te faudra franchir la mort pour que tu vives, / La plus pure présence est un sang répandu.

FÊNIX

O pássaro há de ir diante de nossas frontes,
Ombro erguido de sangue apoio lhe será.
Há de fechar feliz as asas sobre as frondes
Dessa árvore teu corpo em que o abrigarás.

Cantará longamente ao se afastar nos ramos,
A sombra vai tirar os marcos do seu grito.
Negando toda morte inscrita nesses ramos
Ele ousará cruzar da noite os negros picos.

PHÉNIX / L'oiseau se portera au-devant de nos têtes, / Une épaule de sang pour lui se dressera. / Il fermera joyeux ses ailes sur le faîte / De cet arbre ton corps que tu lui offriras. // Il chantera longtemps s'éloignant dans les branches, / L'ombre viendra lever les bornes de son cri. / Refusant toute mort inscrite sur les branches / Il osera franchir les crêtes de la nuit.

És tu essa pedra aberta, esse lar devastado,
Morrer, como se pode?

Eu trouxe a luz, eu procurei, reinava
Por toda parte o sangue.
E eu gritava e chorava com meu corpo todo.

Cette pierre ouverte est-ce toi, ce logis dévasté, / Comment peut-on mourir? // J'ai apporté de la lumière, j'ai cherché, / Partout régnait le sang. / Et je criais et je pleurais de tout mon corps.

CORPO VERDADEIRO

Fechada a boca e já lavado o rosto,
Purificado o corpo, e sepultado
Esse fado a luzir sobre a terra do verbo,
E o casamento mais rasteiro foi selado.

Calada a voz que me gritava à face
Que errávamos a esmo e separados,
Murados esses olhos: tenho Douve morta
Na aspereza de si comigo enclausurada.

E por maior o frio que sobe do teu ser,
Por mais ardente o gelo em nossa intimidade,
Douve, eu falo em ti; e assim te encerro
No ato de conhecer e nomear.

VRAI CORPS / Close la bouche et lavé le visage, / Purifié le corps, enseveli / Ce destin éclairant dans la terre du verbe, / Et le mariage le plus bas s'est accompli. // Tue cette voix qui criait à ma face / Que nous étions hagards et séparés, / Murés ces yeux: et je tiens Douve morte / Dans l'âpreté de soi avec moi refermée. // Et si grand soit le froid qui monte de ton être, / Si brûlant soit le gel de notre intimité, / Douve, je parle en toi; et je t'enserre / Dans l'acte de connaître et de nommer.

ARTE POÉTICA

Rosto que se apartou dos seus ramos primeiros,
Beleza toda alarme por céu baixo,

Em que lareira erguer o fogo de teu rosto
Ó Mênade tomada e atirada abaixo?

ART POÉTIQUE / Visage séparé de ses branches premières, / Beauté toute d'alarme par ciel bas, //
En quel âtre dresser le feu de ton visage / O Ménade saisie jetée la tête en bas?

DOUVE FALA

Que palavra surgiu perto de mim,
Que grito nasce numa boca ausente?
Mal posso ouvir o grito contra mim,
Mal sinto o hálito que me nomeia.

No entanto o grito em mim vem de mim mesmo,
Estou murado em minha extravagância.
Que voz divina ou que estranha voz
Consentira habitar o meu silêncio?

DOUVE PARLE
Quelle parole a surgi près de moi, / Quel cri se fait sur une bouche absente? / A peine si j'entends crier
contre moi, / A peine si je sens ce souffle qui me nomme. // Pourtant ce cri sur moi vient de moi, /
Je suis muré dans mon extravagance. / Quelle divine ou quelle étrange voix / Eût consenti d'habiter
mon silence?

UMA VOZ

Que casa para mim queres erguer,
Que escrita negra quando vem o fogo?

     *

Recuei muito tempo aos teus sinais,
Baniste-me de toda densidade.

     *

Mas eis que a noite infinda me protege,
Por sombrios cavalos salvo-me de ti.

UNE VOIX / Quelle maison veux-tu dresser pour moi, / Quelle écriture noire quand vient le feu? // J'ai reculé longtemps devant tes signes, / Tu m'as chassée de toute densité. // Mais voici que la nuit incessante me garde, / Par de sombres chevaux je me sauve de toi.

OUTRA VOZ

Sacudindo o cabelo, essa cinza de Fênix,
Que gesto tentas quando tudo para,

E no ser meia-noite as mesas ilumina?

*

Que signo guardas nos teus lábios negros,
Que indigente palavra quando tudo cala,

Última brasa quando o lar hesita e apaga?

*

Hei de viver em ti, hei de arrancar
Toda luz que há em ti,

Toda encarnação, todo recife e lei.

*

E no vazio em que te alço eu vou abrindo
O caminho do raio,

Ou maior grito que jamais um ser tentara.

UNE AUTRE VOIX / Secouant ta chevelure ou cendre de Phénix, / Quel geste tentes-tu quand tout
s'arrête, // Et quand minuit dans l'être illumine les tables? // Quel signe gardes-tu sur tes lèvres noires, /
Quelle pauvre parole quand tout se tait, // Dernier tison quand l'âtre hésite et se referme? // Je saurai
vivre en toi, j'arracherai / En toi toute lumière, // Toute incarnation, tout récif, toute loi. // Et dans le
vide où je te hausse j'ouvrirai / La route de la foudre, // Ou plus grand cri qu'être ait jamais tenté.

Se esta noite é outra, não a noite,
Renasce, longe voz benéfica, desperta
Essa argila mais grave onde dormisse o grão,
Fala: eu não era mais que terra desejante,
Eis enfim as palavras da aurora e da chuva.
Mas fala por que eu seja esse chão bem-fadado,
Fala se existe ainda um dia sepultado.

Si cette nuit est autre que la nuit, / Renais, lointaine voix bénéfique, réveille / L'argile la plus grave où le grain ait dormi, / Parle: je n'étais plus que terre désirante, / Voici les mots enfin de l'aube et de la pluie, / Mais parle que je sois la terre favorable, / Parle s'il est encor un jour enseveli.

DOUVE FALA

I

Certas vezes, dizias, na alva, errante
Por sendas de negrume,
A hipnose da pedra eu partilhava,
Estava cega como ela.
Ora veio esse vento e as comédias minhas
Nele se elucidaram no ato de morrer.

Desejava o verão,
Um furioso verão para secar-me as lágrimas,
Ora veio este frio que cresce nos meus membros,
E assim fui despertada e eu sofri.

DOUVE PARLE / I / Quelquefois, disais-tu, errante à l'aube / Sur des chemins noircis, / Je partageais l'hypnose de la pierre, / J'étais aveugle comme elle. / Or est venu ce vent par quoi mes comédies / Se sont élucidées en l'acte de mourir. // Je désirais l'été, / Un furieux été pour assécher mes larmes, / Or est venu ce froid qui grandit dans mes membres, / Et je fus éveillée et je souffris.

II

Ó fatal estação,
Ó a terra mais nua como lâmina!
Desejava o verão,
O ferro quem rompeu no velho sangue?

Fui de fato feliz
A ponto de morrer,
Olhos perdidos, mãos abrindo-se à sujeira
De uma eterna chuva.

Eu gritava, enfrentava com meu rosto o vento...
Por que odiar, por que chorar, estava viva,
O profundo verão, o dia me animavam.

II / O fatale saison, / O terre la plus nue comme une lame! / Je désirais l'été, / Qui a rompu ce fer dans le vieux sang? // Vraiment je fus heureuse / A ce point de mourir. / Les yeux perdus, mes mains s'ouvrant à la souillure / D'une éternelle pluie. // Je criais, j'affrontais de ma face le vent... / Pourquoi haïr, pourquoi pleurer, j'étais vivante, / L'été profond, le jour me rassuraient.

III

Que o verbo se extinga
Nessa face do ser em que estamos expostos,
Nessa aridez atravessada apenas
Pelo vento de finitude.

Que aquele que de pé queimava
Como uma vinha,
Que o extremo cantor role do cimo
Iluminando
A imensa matéria indizível.

Que o verbo se extinga
Neste cômodo baixo em que me encontras,
Que volte a se fechar o lar do grito
Sobre as nossas palavras rubescentes.

Que o frio por minha morte se erga e signifique.

III / Que le verbe s'éteigne /Sur cette face de l'être où nous sommes exposés, / Sur cette aridité que traverse / Le seul vent de finitude. // Que celui qui brûlait debout / Comme une vigne, / Que l'extrême chanteur roule de la crête / Illuminant / L'immense matière indicible. // Que le verbe s'éteigne / Dans cette pièce basse où tu me rejoins, / Que l'âtre du cri se resserre / Sur nos mots rougeoyants. // Que le froid par ma mort se lève et prenne un sens.

Pergunta ao senhor da noite qual é esta noite
Pergunta: o que é que queres, ó senhor disjunto?
Náufrago da tua noite, sim te busco nela,
Vivo de tuas questões, e falo no teu sangue,
Sou senhor da tua noite, velo em ti como a noite.

Demande au maître de la nuit quelle est cette nuit, / Demande: que veux-tu, ô maître disjoint? / Naufragé de ta nuit, oui je te cherche en elle, / Je vis de tes questions, je parle dans ton sang, / Je suis le maître de ta nuit, je veille en toi comme la nuit.

UMA VOZ

Recorda aquela ilha onde se erige o fogo
Dos vivos olivais no flanco das cimeiras,
E é para que mais alta a noite seja e à aurora
Não haja vento mais que de esterilidade.
Tanto caminho negro há de fazer um reino
Onde recuperar o orgulho que já fomos,
Pois nada há de aumentar mais uma força eterna
Do que uma chama eterna e tudo se desfaça.
Por mim, irei buscar essa terra de cinzas,
Meu coração irei deitar sobre teu corpo.
Arrasado. Não sou tua vida em fundas ânsias,
Cujo só monumento é Fênix na fogueira?

UNE VOIX / Souviens-toi de cette île où l'on bâtit le feu / De tout olivier vif au flanc des crêtes, / Et c'est pour que la nuit soit plus haute et qu'à l'aube / Il n'y ait plus de vent que de stérilité. / Tant de chemins noircis feront bien un royaume / Où rétablir l'orgueil que nous avons été, / Car rien ne peut grandir une éternelle force / Qu'une éternelle flamme et que tout soit défait. / Pour moi je rejoindrai cette terre cendreuse, / Je coucherai mon cœur sur son corps dévasté. / Ne suis-je pas ta vie aux profondes alarmes, / Qui n'a de monument que Phénix au bûcher?

Pede para teus olhos que os rompa a noite,
Nada há de começar, só além desse véu,
Pede aquele prazer que propicia a noite
De gritar sob o baixo arco de lua alguma,
Pede para tua voz que a silencie a noite...

Pede por fim o frio, deseja essa hulha.

Demande pour tes yeux que les rompe la nuit, / Rien ne commencera qu'au delà de ce voile, / Demande ce plaisir que dispense la nuit / De crier sous le cercle bas d'aucune lune, / Demande pour ta voix que l'étouffe la nuit... // Demande enfin le froid, désire cette houille.

UMA VOZ

Levei minha palavra em ti como uma chama,
Mais árduas trevas do que as chamas são os ventos.
E nada me dobrou em tão profunda luta,
Nenhuma estrela má, nenhum transviamento.
Assim foi que vivi, mas forte de uma chama,
Que mais eu conheci que o seu recurvamento
E essa noite que sei que há de vir ao caírem
Vidraças sem porvir do místico tormento?
Palavra apenas sou contra a ausência intentada,
A ausência destruirá esta arenga que tento.
Sim, logo é perecer, não ser senão palavra,
E é tarefa fatal e vão coroamento.

UNE VOIX / J'ai porté ma parole en vous comme une flamme, / Ténèbres plus ardues qu'aux flammes
sont les vents. / Et rien ne m'a soumise en si profonde lutte, / Nulle étoile mauvaise et nul égarement. /
Ainsi ai-je vécu, mais forte d'une flamme, / Qu'ai-je d'autre connu que son recourbement / Et la nuit
que je sais qui viendra quand retombent / Les vitres sans destin de son élancement? / Je ne suis que
parole intentée à l'absence, / L'absence détruira tout mon ressassement. / Oui, c'est bientôt périr de
n'être que parole, / Et c'est tâche fatale et vain couronnement.

VOZES BAIXAS E FÊNIX

UMA VOZ

Foste sábia em abrir, ele chegou à noite,
Pousou ao pé de ti a lanterna de pedra.
Ele deitou-te nova em teu lugar de sempre,
Desse teu vivo olhar fazendo estranha noite.

OUTRA VOZ

A primeira a chegar em forma de ave bate
Na vidraça do meu velar à meia-noite.
Abro e tomada em sua neve caio
E escapa-me esse lar onde eu erguia o fogo.

UMA VOZ

Jazia, coração aberto. À meia-noite,
Sob a espessa folhagem dos mortos,
De uma lua perdida ela tornou-se presa,
A casa familiar onde tudo se ajusta.

OUTRA VOZ

De um gesto levantou-me catedral de frio,
Ó Fênix! Cimo horrendo de árvores gretado
Pelo gelo! Eu rolava assim facho lançado
Na noite mesma em que se recompõe a Fênix.

VOIX BASSES ET PHÉNIX // UNE VOIX / Tu fus sage d'ouvrir, il vint à la nuit, / Il posa près de toi la lampe de pierre. / Il te couche nouvelle en ta place ordinaire, / De ton regard vivant faisant étrange nuit. // UNE AUTRE VOIX / La première venue en forme d'oiseau / Frappe à ma vitre au minuit de ma veille. / J'ouvre et saisie dans sa neige je tombe / Et ce logis m'échappe où je menais grand feu. // UNE VOIX / Elle gisait, le cœur découvert. À minuit, / Sous l'épais feuillage des morts, / D'une lune perdue elle devint la proie, / La maison familière où tout se rétablit. // UNE AUTRE VOIX / D'un geste il me dressa cathédrale de froid, / Ô Phénix! Cime affreuse des arbres crevassée / Par le gel! Je roulais comme torche jetée / Dans la nuit même où le Phénix se recompose.

Mas cale-se a que ainda vela ao pé do fogo,
Tendo caído já seu rosto em meio às chamas,
Que fica ainda sentada, estando já sem corpo.

Que fala para mim, lábios fechados,
Que se levanta e chama-me, sem carne,
Que sai deixando o crânio desenhado,

Que ainda ri, tendo morrido em riso outrora.

Mais que se taise celle qui veille encor / Sur l'âtre, son visage étant chu dans les flammes, / Qui reste encore assise, étant sans corps. // Qui parle pour moi, ses lèvres étant fermées, / Qui se lève et m'appelle, étant sans chair, / Qui part laissant sa tête dessinée, // Qui rit toujours, en rire étant morte jadis.

Cala-te que também somos da noite
Os mais informes tocos gravitantes,
E matéria lavada e retornando às velhas
Ideias retumbantes onde o fogo estancou,
E face descavada de cega presença
Com todo fogo expulsa serva de uma casa,
E palavra vivida, infindamente morta
Quando a luz se tornou enfim só vento e noite.

Tais-toi puisqu'aussi bien nous sommes de la nuit / Les plus informes souches gravitantes, / Et matière lavée et retournant aux vieilles / Idées retentissantes où le feu s'est tari, / Et face ravinée d'une aveugle présence / Avec tout feu chassée servante d'un logis, / Et parole vécue mais infiniment morte / Quand la lumière enfin s'est faite vent et nuit.

O VIVEIRO DE PLANTAS

Assim caminharemos sobre as ruínas de um céu
     imenso,
O sítio ao longe há de cumprir-se
Assim como um destino em viva luz.

O mais lindo país longamente buscado
Há de estender-se a nós terra das salamandras.

Olha, me dirás tu, aquela pedra:
Ela carrega a presença da morte.
Secreta lâmpada é ela que queima em nossos gestos,
Caminhamos assim iluminados.

L'ORANGERIE
Ainsi marcherons-nous sur les ruines d'un ciel / immense, / Le site au loin s'accomplira / Comme un destin dans la vive lumière. // Le pays le plus beau longtemps cherché / S'étendra devant nous terre des salamandres. // Regarde, diras-tu, cette pierre: / Elle porte la présence de la mort. / Lampe secrète c'est elle qui brûle sous nos gestes, / Ainsi marchons-nous éclairés.

HIC EST LOCUS PATRIAE

O céu tão baixo para ti rasgava-se,
As árvores tomavam do teu sangue o espaço.
E assim vieram outras hostes, ó Cassandra,
Nada sobreviveu ao seu abraço.

Um vaso decorava a soleira. Em seu mármore
Quem voltava sorriu se apoiando um momento.
Assim baixava o dia no rincão Das Árvores.
Era dia de palavra e foi noite de vento.

HIC EST LOCUS PATRIÆ / Le ciel trop bas pour toi se déchirait, les arbres / Envahissaient l'espace de
ton sang. / Ainsi d'autres armées sont venues, ô Cassandre, / Et rien n'a pu survivre à leur embrassement. //
Un vase décorait le seuil. Contre son marbre / Celui qui revenait sourit en s'appuyant. / Ainsi le jour
baissait sur le lieudit *Aux Arbres*. / C'était jour de parole et ce fut nuit de vent.

O lugar era ermo, o chão sonoro e vago,
A chave, fácil já na porta.
No arvoredo do parque,
Quem em tal bruma ia viver titubeava.

O viveiro,
Necessário repouso aonde ia,
Surgiu, algumas pedras entre os ramos.

Ó terra de um destino! Uma primeira sala
Gritava em folha morta e abandono.
Na segunda, maior, espalhava-se a luz,
Toalha rubra e gris, verdadeira ventura.

Le lieu était désert, le sol sonore et vacant, / La clé, facile dans la porte. / Sous les arbres du parc, /
Qui allait vivre en telle brume chancelait. // L'orangerie, / Nécessaire repos qu'il rejoignait, / Parut, un
peu de pierre dans les branches. // O terre d'un destin! Une première salle / Criait de feuille morte et
d'abandon. / Sur la seconde et la plus grande, la lumière / S'étendait, nappe rouge et grise, vrai bonheur.

A SALAMANDRA

I

E estás agora Douve no último quarto do verão.

Uma salamandra foge pela parede. A cabeça suave de homem espalha a morte do verão. "Quero abismar-me em ti, vida estreita, grita Douve. Relâmpago vazio, corre em meus lábios, penetra-me!

"Gosto de me cegar, de me entregar à terra. Gosto de já não saber que dentes frios me possuem."

LA SALAMANDRE // I / Et maintenant tu es Douve dans la dernière chambre d'été. // Une salamandre fuit sur le mur. Sa douce tête d'homme répand la mort de l'été. "Je veux m'abîmer en toi, vie étroite, crie Douve. Éclair vide, cours sur mes lèvres, pénètre-moi! // "J'aime m'aveugler, me livrer à la terre. J'aime ne plus savoir quelles dents froides me possèdent."

II

Toda uma noite eu te sonhei lenhosa, Douve, para melhor te oferecer à chama. E estátua verde desposada pela corcha, para melhor gozar da tua cabeça luminosa.

Nos meus dedos provando o embate entre o braseiro e os lábios: eu te via sorrir-me. Ora, esse clarão em ti das brasas me cegava.

II / Toute une nuit je t'ai rêvée ligneuse, Douve, pour mieux t'offrir à la flamme. Et statue verte épousée par l'écorce, pour mieux jouir de ta tête éclairante. // Éprouvant sous mes doigts le débat du brasier e des lèvres: je te voyais me sourire. Or, ce grand jour en toi des braises m'aveuglait.

III

"Olha para mim, olha para mim, corri!"

Estou perto de ti, Douve, eu te ilumino. Entre nós só existe essa lâmpada pedrenta, essa pouca sombra tranquila, nossas mãos que a sombra espera. Salamandra surpresa, permaneces imóvel.

Tendo vivido o instante em que a carne mais perto se muda em conhecimento.

III / "Regarde-moi, regarde-moi, j'ai couru!" // Je suis près de toi, Douve, je t'éclaire. Il n'y a plus entre nous que cette lampe rocailleuse, ce peu d'ombre apaisé, nos mains que l'ombre attend. Salamandre surprise, tu demeures immobile. // Ayant vécu l'instant où la chair la plus proche se mue en connaissance.

IV

Assim ficávamos despertos no pináculo da noite do ser. Um arbusto cedeu.

Ruptura secreta, por qual pássaro de sangue circulavas em nossas trevas?

A que quarto ias ter, onde se agravava o horror da alva nas vidraças?

IV / Ainsi restions-nous éveillés au sommet de la nuit de l'être. Un buisson céda. // Rupture secrète, par quel oiseau de sang circulais-tu dans nos ténèbres? // Quelle chambre rejoignais-tu, où s'aggravait l'horreur de l'aube sur les vitres?

Ao reaparecer a salamandra, o sol
Estava já bem baixo em toda terra,
As lajes se enfeitavam desse corpo em luz.

E havia já rompido a derradeira
Amarra, coração que se toca na sombra.

Sua ferida criou, paisagem rochosa,
Comba onde morrer por sob um céu imóvel.
Voltado a todas as vidraças, o seu rosto
Brilhou das velhas árvores onde morrer.

Quand reparut la salamandre, le soleil / Était déjà très bas sur toute terre, / Les dalles se paraient de ce corps rayonnant. // Et déjà il avait rompu cette dernière / Attache qu'est le cœur que l'on touche dans l'ombre. // Sa blessure créa, paysage rocheux, / Une combe où mourir sous un ciel immobile. / Tourné encor à toutes vitres, son visage / S'illumina de ces vieux arbres où mourir.

Cassandra, ele dirá, mãos tintas e desertas,
Olhar, mais fundo olhar que o vindo da paixão,
Acolhe em tuas mãos, nesse enlace liberta
Minha cabeça morta onde os tempos se vão.

Vem-me esta Ideia de ser puro e de viver
Ali de onde eu fugira outrora, alta vivenda.
Para ser toda pura a praia onde eu morrer
Entre os dedos aperto esse só livro e prenda.

Deixa-me, empoa-me. Colore a minha ausência.
Para esse olhar que a noite tem desconhecido.
Sobre mim deita as dobras de eterno silêncio,
Com a lâmpada apaga uma terra de olvido.

Cassandre, dira-t-il, mains désertes et peintes, / Regard puisé plus bas que tout regard épris, / Accueille dans tes mains, sauve dans leur étreinte / Ma tête déjà morte où le temps se détruit. // L'Idée me vient que je suis pur et je demeure / Dans la haute maison dont je m'étais enfui. / Oh pour que tout soit simple aux rives où je meure / Resserre entre mes doigts le seul livre et le prix. // Laisse-moi, farde-moi. Colore mon absence. / Désœuvre ce regard qui méconnaît la nuit. / Couche sur moi les plis d'un durable silence, / Éteins avec la lampe une terre d'oubli.

JUSTIÇA

Mas tu, mas o deserto! estende e desce
As toalhas tenebrosas.
Insinua em meu peito para que não cesse
O teu silêncio como causa fabulosa.

Vem. Aqui se interrompe um pensamento
Aqui um lindo país já não tem trilha.
Bordeja essa alva glacial no firmamento
Que te atribui um sol adverso por partilha.

E canta. É duas vezes chorar isso que choras
Se tu ousas cantar por grandes mágoas.
Sorri e canta. Ele carece agora
Que fiques luz sombria, do que foi, nas águas.

JUSTICE / Mais toi, mais le désert! étends plus bas / Tes nappes ténébreuses. / Insinue dans ce cœur pour qu'il ne cesse pas / Ton silence comme une cause fabuleuse. // Viens. Ici s'interrompt une pensée, / Ici n'a plus de route un beau pays. / Avance sur le bord de cette aube glacée / Que te donne en partage un soleil ennemi. // Et chante. C'est pleurer deux fois ce que tu pleures / Si tu oses chanter par grand refus. / Souris, et chante. Il a besoin que tu demeures, / Sombre lumière, sur les eaux de ce qu'il fut.

Eu tomarei nas mãos a tua face morta. Vou recliná-la
no seu frio. Farei com minhas mãos em teu imóvel
corpo a toalete inútil dos mortos.

Je prendrai dans mes mains ta face morte. Je la coucherai dans son froid. Je ferai de mes mains sur
ton corps immobile la toilette inutile des morts.

Será o viveiro a tua residência.
Por sobre a mesa posta noutra luz banhada
Porás teu coração.
Tua face arderá, caçando em meio aos ramos.

Douve será teu nome, ao longe em meio às pedras,
Douve profunda e negra,
Água rasa onde o esforço vão se perderá.

L'orangerie sera ta résidence / Sur la table dressée dans une autre lumière / Tu coucheras ton cœur. /
Ta face prendra feu, chassant à travers branches. // Douve sera ton nom au loin parmi les pierres, /
Douve profonde et noire, / Eau basse irréductible où l'effort se perdra.

VERDADE

Assim até a morte, úmidas faces, gestos,
Do coração canhestros no corpo encontrado,
E em cima dele morres, verdade absoluta,
Em tuas mãos já fracas corpo abandonado.

Esse cheiro de sangue, o bem que tu buscavas,
Bem frugal radiante por sobre um viveiro
Vai dar a volta o sol, sua viva agonia
Luzirá onde tudo se mostrou primeiro.

VÉRITÉ / Ainsi jusqu'à la mort, visages réunis, / Gestes gauches du cœur sur le corps retrouvé, / Et sur lequel tu meurs, absolue vérité, / Ce corps abandonné à tes mains affaiblies. // L'odeur du sang sera ce bien que tu cherchais, / Bien frugal rayonnant sur une orangerie. / Le soleil tournera, de sa vive agonie / Illuminant le lieu où tout fut dévoilé.

Tomaste de uma lâmpada e abres a porta,
Que fazer de uma lâmpada, chove, raia o dia.

Tu as pris une lampe et tu ouvres la porte, / Que faire d'une lampe, il pleut, le jour se lève.

LUGAR VERDADEIRO

Seja dado um lugar àquele que vem vindo,
Personagem com frio e privado de lar.

Personagem que o ruído tenta de uma lâmpada,
E a soleira alumiada de um único lar.

E se alquebrado está de angústia e de fadiga,
Repitam-lhe as palavras que o irão curar.

Que falta a esse peito que era só silêncio,
Senão palavras feitas do signo e do orar,

E qual pequeno fogo de repente à noite,
E essa mesa entrevista de um humilde lar?

VRAI LIEU

Qu'une place soit faite à celui qui approche, / Personnage ayant froid et privé de maison. // Personnage tenté par le bruit d'une lampe, / Par le seuil éclairé d'une seule maison. // Et s'il reste recru d'angoisse et de fatigue, / Qu'on redise pour lui les mots de guérison. // Que faut-il à ce cœur qui n'était que silence, / Sinon des mots qui soient le signe et l'oraison, // Et comme un peu de feu soudain la nuit, / Et la table entrevue d'une pauvre maison?

CAPELA BRANCACCI

Vigia sobre as lajes da noite em janeiro,
Como havíamos dito: nem tudo morria!
Mais à frente eu ouvia em sombra semelhante
Um passo, toda noite, a descer para o mar.

O que aperto na mão, talvez seja uma sombra,
Mas nela tens de ver um eterno semblante.
Tomáramos assim rumo a escuros afrescos
O vão caminho impuro das ruas de inverno.

CHAPELLE BRANCACCI / Veilleuse de la nuit de janvier sur les dalles, / Comme nous avions dit
que tout ne mourrait pas! / J'entendais plus avant dans une ombre semblable / Un pas de chaque
soir qui descend vers la mer. // Ce que je tiens serré n'est peut-être qu'une ombre, / Mais sache y
distinguer un visage éternel. / Ainsi avions-nous pris vers des fresques obscures / Le vain chemin des
rues impures de l'hiver.

LUGAR DO COMBATE

I

Eis derrotado o cavaleiro em luto.
Como guardasse ele uma fonte, eis que
Desperto e é pela graça do arvoredo
E no ruído das águas, sonho que prossegue.

Ele se cala. O rosto seu é mesmo o que procuro
Em toda fonte ou ribanceira, morto irmão.
Semblante de uma noite vencida, e a pender
Na aurora desses ombros lacerados.

Ele se cala. Que dizer quando o combate
Findou quem foi vencido em prova de palavra?
Dirige para o chão a face despojada,
Morrer é o seu só grito, de paz verdadeira.

LIEU DU COMBAT // I / Voici défait le chevalier de deuil. / Comme il gardait une source, voici /
Que je m'éveille et c'est par la grâce des arbres / Et dans le bruit des eaux, songe qui se poursuit. // Il
se tait. Son visage est celui que je cherche / Sur toutes sources ou falaises, frère mort. / Visage d'une
nuit vaincue, et qui se penche / Sur l'aube de l'épaule déchirée. // Il se tait. Que peut dire au terme du
combat / Celui qui fut vaincu par probante parole? / Il tourne vers le sol sa face démunie, / Mourir est
son seul cri, de vrai apaisement.

II

Mas ele chora acaso numa fonte mais
Profunda, e a florescer, dália dos mortos
No átrio das terrosas águas de novembro
Que empurram até nós o som do mundo morto?

Parece-me, inclinado na difícil alva
Do dia a mim devido e que hei reconquistado,
Que eu ouço soluçar essa eterna presença
Do meu demônio oculto e nunca sepultado.

Ó reaparecerás, praia da minha força!
Mas que seja apesar do dia que me conduz.
Sombras, vós já não sois. Se a sombra há de voltar
Será dentro da noite e pela noite.

II / Mais pleure-t-il sur une source plus / Profonde et fleurit-il, dahlia des morts / Sur le parvis des eaux terreuses de novembre / Qui poussent jusqu'à nous le bruit du monde mort? // Il me semble, penché sur l'aube difficile / De ce jour qui m'est dû et que j'ai reconquis, / Que j'entends sangloter l'éternelle présence / De mon démon secret jamais enseveli. // O tu reparaîtras, rivage de ma force! / Mais que ce soit malgré ce jour qui me conduit. / Ombres, vous n'êtes plus. Si l'ombre doit renaître / Ce sera dans la nuit et par la nuit.

LUGAR DA SALAMANDRA

A salamandra surpresa se imobiliza
Fingindo a morte.
Tal é o primeiro passo da consciência em meio às pedras,
Dos mitos o mais puro,
Um grande fogo atravessado, que é espírito.

A salamandra estava a meia altura
Da parede, na luz destas janelas.
Seu olhar só era uma pedra,
Mas eu via bater-lhe eterno o coração.

Cúmplice minha e pensamento, alegoria
De tudo quanto é puro,
Que eu amo e que encerra assim no meu silêncio
A só força de alegria.

Que eu amo e que se amolda aos astros pela inerte
Massa de todo o corpo,
Que eu amo e que aguarda a hora da vitória,
E que suspende o sopro e agarra o solo.

LIEU DE LA SALAMANDRE / La salamandre surprise s'immobilise / Et feint la mort. / Tel est le premier pas de la conscience dans les pierres, / Le mythe le plus pur, / Un grand feu traversé, qui est esprit. // La salamandre était à mi-hauteur / Du mur, dans la clarté de nos fenêtres. / Son regard n'était qu'une pierre, / Mais je voyais son cœur battre éternel. // O ma complice et ma pensée, allégorie / De tout ce qui est pur, / Que j'aime qui resserre ainsi dans son silence / La seule force de joie. // Que j'aime qui s'accorde aux astres par l'inerte / Masse de tout son corps, / Que j'aime qui attend l'heure de sa victoire, / Et qui retient son souffle et tient au sol.

VERDADEIRO LUGAR DO CERVO

Um último cervo se perdendo
Em meio às árvores,
A areia vibrará
Ao passo dos que obscuros chegam.

Na casa onde perpassa
Rumor de vozes,
O álcool do dia declinando
Vai derramar-se sobre as lajes.

O cervo tido por exausto
Súbito escapa.
Pressinto que este dia fez
Vossa perseguição inútil.

VRAI LIEU DU CERF / Un dernier cerf se perdant / Parmi les arbres, / Le sable retentira / Du pas
d'obscurs arrivants. // Dans la maison traversée / Du bruit des voix, / L'alcool du jour déclinant / Se
répandra sur les dalles. // Le cerf qu'on a cru retrait / Soudain s'évade. / Je pressens que ce jour a
fait / Votre poursuite inutile.

O dia rompe a tarde, avançará
Na noite cotidiana.
Ó nossa força e nossa glória, podereis
Furar a muralha dos mortos?

Le jour franchit le soir, il gagnera / Sur la nuit quotidienne. / O notre force et notre gloire, pourrez-vous /
Trouer la muraille des morts?

REINANTE ONTEM DESERTO

(1958)

HIER RÉGNANT DÉSERT

"Queres um mundo, diz Diotima. Eis
por que tens tudo, e nada tens."

*"Tu veux un monde, dit Diotima.
C'est pourquoi tu as tout, et tu n'as rien."*

Hipérion

AMEAÇAS DA TESTEMUNHA

AMEAÇAS DA TESTEMUNHA

I

Que querias dispor sobre essa mesa,
Senão o fogo dúplice da nossa morte?
Com medo, destruí naquele mundo a mesa
Vermelha e nua, em que aparece o vento morto.

E envelheci. Fora, verdade de palavra
E verdade de vento cessaram a luta.
E o fogo retirou-se, ele era a minha igreja,
Já nem tenho mais medo, já não durmo.

MENACES DU TÉMOIN

MENACES DU TÉMOIN // I / Que voulais-tu dresser sur cette table, / Sinon le double feu de notre mort? / J'ai eu peur, j'ai détruit dans ce monde la table / Rougeâtre et nue, où se déclare le vent mort. // Puis j'ai vieilli. Dehors, vérité de parole / Et vérité de vent ont cessé leur combat. / Le feu s'est retiré, qui était mon église, / Je n'ai même plus peur, je ne dors pas.

II

Vê, já os caminhos todos que seguias fecham-se,
Já nem mesmo essa trégua te é dada
De andar mesmo perdido. Terra que se esquiva
É o ruído dos teus passos que já não progridem.

Por que é que tu deixaste as urzes encobrirem
O alto silêncio a que tinhas chegado?
Vela o fogo deserto no horto da memória
E tu, sombra na sombra, onde estás, quem és tu?

II / Vois, déjà tous chemins que tu suivais se ferment, / Il ne t'est plus donné même ce répit / D'aller même perdu. Terre qui se dérobe / Est le bruit de tes pas qui ne progressent plus. // Pourquoi as-tu laissé les ronces recouvrir / Un haut silence où tu étais venu? / Le feu veille désert au jardin de mémoire / Et toi, ombre dans l'ombre, où es-tu, qui es-tu?

III

Tu não frequentas mais este jardim,
As sendas do sofrer e do estar só se apagam,
Os matos significam o teu rosto morto.

Já não te importa estejam escondidos
Na pedra a igreja escura, em meio às árvores
O rosto feito cego de um mais rubro sol,

A ti te basta
Longamente morrer como num sono,
Já não amas nem mesmo a sombra que desposas.

III / Tu cesses de venir dans ce jardin, / Les chemins de souffrir et d'être seul s'effacent, / Les herbes
signifient ton visage mort. // Il ne t'importe plus que soient cachés / Dans la pierre l'église obscure,
dans les arbres / Le visage aveuglé d'un plus rouge soleil, // Il te suffit / De mourir longuement comme
en sommeil, / Tu n'aimes même plus l'ombre que tu épouses.

IV

Estás agora só, apesar das estrelas,
Está perto de ti e longe o centro,
Andaste, andar tu podes, já nada mais muda,
A mesma noite sempre que jamais termina.

E vê, estás já separado de ti mesmo,
Sempre esse mesmo grito, e não o escutas,
És o que morre, tu que não tens mais angústia?
Estás mesmo perdido, tu que nada buscas?

IV / Tu es seul maintenant malgré ces étoiles, / Le centre est près de toi et loin de toi, / Tu as marché,
tu peux marcher, plus rien ne change, / Toujours la même nuit qui ne s'achève pas. // Et vois, tu es
déjà séparé de toi-même, / Toujours ce même cri, mais tu ne l'entends pas, / Es-tu celui qui meurt, toi
qui n'as plus d'angoisse, / Es-tu même perdu, toi qui ne cherches pas?

V

Cala o vento, senhor da queixa mais antiga,
Serei o derradeiro a armar-me pelos mortos?
O fogo já não passa de memória e cinza,
Ruído de asa fechada, ruído de rosto morto.

Consentes só amar o ferro de água cinza
Quando o anjo da noite vier fechar o porto
E tomar nessa água parada do porto
Os últimos clarões à asa morta agarrados?

Oh, sofre só desta palavra minha dura
E por ti vencerei o sono como a morte,
E por ti chamarei na árvore que se quebra
A chama que há de ser o navio e o porto.

Por ti erguerei o fogo sem lugar nem hora,
Vento buscando o fogo, o alto arvoredo morto,
De uma voz o horizonte em que as estrelas caem
E a lua misturada à desordem dos mortos.

V / Le vent se tait, seigneur de la plus vieille plainte, / Serai-je le dernier qui s'arme pour les morts? /
Déjà le feu n'est plus que mémoire et que cendre / Et bruit d'aile fermée, bruit de visage mort. //
Consens-tu de n'aimer que le fer d'une eau grise / Quand l'ange de ta nuit viendra clore le port / Et
qu'il perdra dans l'eau immobile du port / Les dernières lueurs dans l'aile morte prises? // Oh, souffre
seulement de ma dure parole / Et pour toi je vaincrai le sommeil et la mort, / Pour toi j'appellerai
dans l'arbre qui se brise / La flamme qui sera le navire et le port. // Pour toi j'élèverai le feu sans
lieu ni heure, / Un vent cherchant le feu, les cimes du bois mort, / L'horizon d'une voix où les étoiles
tombent / Et la lune mêlée au désordre des morts.

O RUÍDO DAS VOZES

Da voz calou-se o ruído, que te designava.
Estás só no cercado das barcas escuras.
Caminhas nesse solo a se mover, mas tens
Um canto outro que a água cinza no teu peito

Uma esperança outra que a partida certa,
Passos tíbios, o fogo a cambalear à frente.
Não amas esse rio, meras águas terrestres,
Seu caminho de lua em que se acalma o vento.

Antes, dizes tu, antes em praias já sem vida,
Dos palácios que fui altas ruínas apenas,
Tu só amas a noite enquanto noite, alçando
A tocha, teu destino, de renúncia plena.

LE BRUIT DES VOIX / Le bruit des voix s'est tu, qui te désignait. / Tu es seul dans l'enclos des
barques obscures. / Marches-tu sur ce sol qui bouge, mais tu as / Un autre chant que cette eau grise
dans ton cœur, // Un autre espoir que ce départ que l'on assure, / Ces pas mornes, ce feu qui chancelle
à l'avant. / Tu n'aimes pas le fleuve aux simples eaux terrestres / Et son chemin de lune où se calme
le vent. // Plutôt, dis-tu, plutôt sur de plus mortes rives, / Des palais que je fus le haut délabrement, /
Tu n'aimes que la nuit en tant que nuit, qui porte / La torche, ton destin, de tout renoncement.

PRAIA DE OUTRA MORTE

I

A ave desvencilhada de ser Fênix
Para morrer fica sozinha na árvore
Ela envolveu-se com a noite de ferida,
Não sente a espada a penetrar-lhe o peito.

Como o óleo envelheceu e escureceu nas lâmpadas,
Como tantos caminhos que éramos, perdidos,
Faz um retorno lento à matéria de árvore.

Ela há de ser um dia,
Há de saber um dia ser o bicho morto,
A ausência degolada a que devora o sangue.

Há de cair na relva, tendo achado
Na relva a profundeza de toda verdade,
Do sangue o gosto há de bater-lhe a praia em ondas.

RIVE D'UNE AUTRE MORT // I / L'oiseau qui s'est dépris d'être Phénix / Demeure seul dans l'arbre pour mourir. / Il s'est enveloppé de la nuit de blessure, / Il ne sent pas l'épée qui pénètre son cœur. // Comme l'huile a vieilli et noirci dans les lampes, / Comme tant de chemins que nous étions, perdus, / Il fait un lent retour à la matière d'arbre. // Il sera bien un jour, / Il saura bien un jour être la bête morte, / L'absence au col tranché que dévore le sang. // Il tombera dans l'herbe, ayant trouvé / Dans l'herbe le profond de toute vérité, / Le goût du sang battra de vagues son rivage.

II

A ave se desfará por miséria profunda,
Que era além da voz que recusa mentir,
Por orgulho será e nativa tendência
A só ser nada, o cântico dos mortos.

Ela envelhecerá. Terra de formas duras
E nuas, dessa voz a outra vertente.
Assim negreja ao vento de areias da usura
A barca retirada onde a vaga é ausente.

Calar-se-á. A morte é menos grave. Escassos
No inútil ser ela há de dar uns passos
Da sombra cujo ferro lacerou as asas.

Bem saberá morrer em meio à grave luz
E isso será falar em nome de uma luz
Mais feliz, implantada no outro mundo escuro.

II / L'oiseau se défera par misère profonde, / Qu'était-il que la voix qui ne veut pas mentir, / Il sera par orgueil et native tendance / A n'être que néant, le chant des morts. // Il vieillira. Pays aux formes nues et dures / Sera l'autre versant de cette voix. / Ainsi noircit au vent des sables de l'usure / La barque retirée où le flot ne va pas. // Il se taira. La mort est moins grave. Il fera / Dans l'inutilité d'être les quelques pas / De l'ombre dont le fer a déchiré les ailes. // Il saura bien mourir dans la grave lumière / Et ce sera parler au nom d'une lumière / Plus heureuse, établie dans l'autre monde obscur.

III

A areia é no início assim como há
De ser o horrendo fim tocado ao vento frio.
Onde é que acaba, dizes, tanta estrela,
Por que avançamos neste lugar frio?

E por que nós dizemos palavras tão vãs,
Indo e assim como se a noite não houvera?
Melhor andar mais rente à linha das espumas
E nos aventurar de um outro frio à beira.

Nós vínhamos de sempre. Pressurosas luzes
Por nós levavam, longe, a realeza do frio
— Pouco a pouco crescia a costa há muito vista
E dita por palavra que jamais se ouviu.

III / Le sable est au début comme il sera / L'horrible fin sous la poussée de ce vent froid. / Où est le bout, dis-tu, de tant d'étoiles, / Pourquoi avançons-nous dans ce lieu froid? // Et pourquoi disons-nous d'aussi vaines paroles, / Allant et comme si la nuit n'existait pas? / Mieux vaut marcher plus près de la ligne d'écume / Et nous aventurer au seuil d'un autre froid. // Nous venions de toujours. De hâtives lumières / Portaient au loin pour nous la majesté du froid / — Peu à peu grandissait la côte longtemps vue / Et dite par des mots que nous ne savions pas.

EM SAN FRANCESCO, À NOITE.

... Assim o chão era de mármore na sala
Escura, ali esperança incurável levou-te.
Tal como uma água calma em que dobradas luzes
Levassem longe a voz dos círios e da noite.

E, entanto, barco algum ali buscava terra,
Passo algum perturbava a quietude das águas.
Assim, digo-te, assim nossas outras quimeras,
Ó fastos dentro da alma, ó duradouras fráguas.

A SAN FRANCESCO, LE SOIR / ... Ainsi le sol était de marbre dans la salle / Obscure, où te mena l'inguérissable espoir. / On eût dit d'une eau calme où de doubles lumières / Portaient au loin les voix des cierges et du soir. // Et pourtant nul vaisseau n'y demandait rivage, / Nul pas n'y troublait plus la quiétude de l'eau. / Ainsi, te dis-je, ainsi de nos autres mirages, / O fastes dans nos cœurs, ô durables flambeaux!

BELO VERÃO

Nossos dias o fogo habitava e cumpria,
Feria ao tempo o ferro a cada alva mais cinza,
O vento golpeava a morte em nossos tetos,
O frio não sustava o cerco em nossos peitos.

Foi um belo verão, insosso, áspero e escuro,
Amaste a maciez da chuva no verão
E amaste a morte assim dominando o verão
Do pavilhão tremente em suas asas de cinza.

Naquele ano vieste quase a decifrar
Um signo sempre negro alçado ao teu olhar
Pelas pedras, e ventos, e águas, e folhagens.

Assim a relha já mordia a terra móvel
E o teu orgulho amou aquela luz tão nova,
A embriaguez de ter medo em terra de verão.

LE BEL ÉTÉ / Le feu hantait nos jours et les accomplissait, / Son fer blessait le temps à chaque aube plus grise, / Le vent heurtait la mort sur le toit de nos chambres, / Le froid ne cessait pas d'environner nos cœurs. // Ce fut un bel été, fade, brisant et sombre, / Tu aimas la douceur de la pluie en été / Et tu aimas la mort qui dominait l'été / Du pavillon tremblant de ses ailes de cendre. // Cette année-là, tu vins à presque distinguer / Un signe toujours noir devant tes yeux porté / Par les pierres, les vents, les eaux et les feuillages. // Ainsi le soc déjà mordait la terre meuble / Et ton orgueil aima cette lumière neuve, / L'ivresse d'avoir peur sur la terre d'été.

Muita vez no silêncio de uma grota
Ouço (ou desejo ouvir, eu já nem sei)
Cair um corpo em meio aos galhos. Longa e lenta
É essa queda cega; grito algum
Vem nunca interrompê-la ou terminá-la.

Eu penso então nas procissões da luz
No país sem nascer e sem morrer.

Souvent dans le silence d'un ravin / J'entends (ou je désire entendre, je ne sais) / Un corps tomber parmi des branches. Longue et lente / Est cette chute aveugle; que nul cri / Ne vient jamais interrompre ou finir. // Je pense alors aux processions de la lumière / Dans le pays sans naître ni mourir.

A UMA POBREZA

Tu saberás que ele te prende ao lar que finda,
Tu saberás que ele te fala, e revolvendo
As cinzas do teu corpo com o frio da aurora,
Tu saberás que ele está só e não se acalma.

Ele que tanto destruiu, que já não sabe
Distinguir do seu nada o seu silêncio,
Ele te vê, aurora dura, em trevas vir
E longamente arder no deserto das mesas.

A UNE PAUVRETÉ / Tu sauras qu'il te tient dans l'âtre qui s'achève, / Tu sauras qu'il te parle, et remuant / Les cendres de ton corps avec le froid de l'aube, / Tu sauras qu'il est seul et ne s'apaise pas. // Lui qui a tant détruit; qui ne sait plus / Distinguer son néant de son silence, / Il te voit, aube dure, en ténèbre venir / Et longuement brûler sur le désert des tables.

O ROSTO MORTAL

Sobre o rio do passado se debruça o dia,
Procura reaver
Armas cedo perdidas,
Essas joias da morte infantil e profunda.

Não arrisca saber
Se ele é de fato o dia
E se lhe cabe amar essa palavra de alva
Que rompeu para ele a muralha do dia.

Um facho é carregado no dia cinzento.
O fogo rasga o dia.
Dá-se que a transparência dessa chama
Amargamente nega o dia.

LE VISAGE MORTEL
Le jour se penche sur le fleuve du passé, / Il cherche à ressaisir / Les armes tôt perdues, / Les joyaux de la mort enfantine profonde. // Il n'ose pas savoir / S'il est vraiment le jour / Et s'il a droit d'aimer cette parole d'aube / Qui a troué pour lui la muraille du jour. // Une torche est portée dans le jour gris. / Le feu déchire le jour. / Il y a que la transparence de la flamme / Amèrement nie le jour.

Dá-se que a lâmpada queimava baixo,
Que para ti pendia a face gris,
Que tremia, no espaço em meio às árvores,
Como prenhe de morte ave ferida.
— O óleo a quebrar nos portos do mar cineroso
Irá se empurpurar de um derradeiro dia,
O navio que busca a espuma e busca a praia
Irá mostrar-se enfim sob a estrela do dia?

A pedra aqui está só e de alma vasta e gris
E tu, tu caminhaste sem que viesse o dia.

Il y a que la lampe brûlait bas, / Qu'elle penchait vers toi sa face grise, / Qu'elle tremblait, dans l'espace des arbres, / Comme un oiseau blessé chargé de mort. / — L'huile brisant aux ports de la mer cendreuse / Va-t-elle s'empourprer d'un dernier jour, / Le navire qui veut l'écume puis la rive / Paraîtra-t-il enfin sous l'étoile du jour? // Ici la pierre est seule et d'âme vaste et grise / Et toi tu as marché sans que vienne le jour.

A PONTE DE FERRO

Existe ainda por certo ao fim de uma longa rua
Onde andava eu criança um pântano estagnado
Retângulo pesado de morte ao céu negro.

Desde então a poesia
Separou de outras águas suas águas,
Beleza alguma, ou cor a vão reter,
Por ferro ela angustia-se e por noite.

Nutre um longo
Pesar de margem morta, uma ponte de ferro
Lançada à outra margem mais noturna ainda
É sua só memória e só real amor.

LE PONT DE FER / Il y a sans doute toujours au bout d'une longue rue / Où je marchais enfant une mare d'huile, / Un rectangle de lourde mort sous le ciel noir. // Depuis la poésie / A séparé ses eaux des autres eaux, / Nulle beauté nulle couleur ne la retiennent, / Elle s'angoisse pour du fer et de la nuit. // Elle nourrit / Un long chagrin de rive morte, un pont de fer / Jeté vers l'autre rive encore plus nocturne / Est sa seule mémoire et son seul vrai amour.

OS ESPIAS

I

Havia um corredor no fundo do jardim,
Eu sonhava que andava nesse corredor,
Vinha a morte com flores altas sem frescor,
Eu sonhava tomar-lhe o ramalhete negro.

Havia no meu quarto uma espécie de estante,
À noite eu vinha,
E via duas mulheres ressequidas
Gritar de pé sobre a madeira negra.

Havia ali uma escadaria, e eu sonhava
Que no meio da noite um cão uivava
Nesse espaço de cão nenhum, e eu enxergava
Um cão horrível branco saindo das sombras.

LES GUETTEURS // I / Il y avait un couloir au fond du jardin, / Je rêvais que j'allais dans ce couloir, / La mort venait avec ses fleurs hautes flétries, / Je rêvais que je lui prenais ce bouquet noir. // Il y avait une étagère dans ma chambre, / J'entrais au soir, / Et je voyais deux femmes racornies / Crier debout sur le bois peint de noir. // Il y avait un escalier, et je rêvais / Qu'au milieu de la nuit un chien hurlait / Dans cet espace de nul chien, et je voyais / Un horrible chien blanc sortir de l'ombre.

II

Eu esperava, tinha medo, eu a espreitava,
Uma porta, talvez, se abrisse enfim
(Certas vezes na sala a luz ficava
Acesa mesmo em pleno dia assim,
Nunca amei nada além daquela praia).

Acaso ela era a morte, parecia
Porto vasto e vazio, e eu sabia
Que no seu olhar ávido o passado
E o porvir sempre se destruiriam
Como a areia e o mar por sobre a praia,

E que nela no entanto elegeria
Lugar triste de um canto que eu trazia
Como a sombra e a lama de que eu ia
Fazendo imagens de uma ausência quando vinha
A água apagar esse amargor das praias.

II / J'attendais, j'avais peur, je la guettais, / Peut-être enfin une porte s'ouvrait / (Ainsi parfois dans la salle durait / Dans le plein jour une lampe allumée, / Je n'ai jamais aimé que cette rive). // Était-elle la mort, elle ressemblait / A un port vaste et vide, et je savais / Que dans ses yeux avides le passé / Et l'avenir toujours se détruiraient / Comme le sable et la mer sur la rive, // Et qu'en elle pourtant j'établirais / Le lieu triste d'un chant que je portais / Comme l'ombre et la boue dont je faisais / Des images d'absence quand venait / L'eau effacer l'amertume des rives.

A BELEZA

A que ao ser arruína, a beleza,
Será supliciada, posta à roda,
Levada à infâmia, dita ré, e feita sangue
E grito, e noite, da alegria despojada
— Ó lacerada em grades todas de antes da alva,
Ó espezinhada em toda estrada e atravessada,
Nosso alto desespero será que vivas,
O nosso coração que sofras, nossa voz
Humilhar-te entre as lágrimas, dizer-te
A mentirosa, a despenseira do céu negro,
Nosso desejo, entanto, esse teu corpo infirme,
Nosso dó o coração que leva a toda lama.

LA BEAUTÉ / Celle qui ruine l'être, la beauté, / Sera suppliciée, mise à la roue, / Déshonorée, dite coupable, faite sang / Et cri, et nuit, de toute joie dépossédée / — O déchirée sur toutes grilles d'avant l'aube, / O piétinée sur toute route et traversée, / Notre haut désespoir sera que tu vives, / Notre cœur que tu souffres, notre voix / De t'humilier parmi tes larmes, de te dire / La menteuse, la pourvoyeuse du ciel noir, / Notre désir pourtant étant ton corps infirme, / Notre pitié ce cœur menant à toute boue.

A ORDÁLIA

I

Eu era quem caminha por cuidado
De uma água derradeira turva. Era bom tempo
No mais claro verão. Era de noite
De sempre e sem limite e para sempre.

No calcário dos mares
O crisântemo da espuma e era sempre
O mesmo odor terroso e insosso de novembro
Quando eu pisava o negro horto dos mortos.

Acontecia
Uma voz a pedir se cresse nela, e sempre
Contra si mesma se voltava e sempre
Fazia do esgotar-se a grandeza e a prova.

L'ORDALIE // I / J'étais celui qui marche par souci / D'une eau dernière trouble. Il faisait beau / Dans l'été le plus clair. Il faisait nuit / De toujours et sans borne et pour toujours. // Dans la glaise des mers / Le chrysanthème de l'écume et c'était toujours / La même odeur terreuse et fade de novembre / Quand je foulais le noir jardin des morts. // Il y avait / Qu'une voix demandait d'être crue, et toujours / Elle se retournait contre soi et toujours / Faisait de se tarir sa grandeur et sa preuve.

II

Não sei se sou o vencedor. Mas eu tomei
De um grande coração a arma presa na pedra.
Falei dentro da noite da arma, eu arrisquei
O sentido e além-sentido o mundo frio.

Falhou tudo um instante,
Não mais o rubro ferro do ser perfurou
A embriaguez do verbo,
Mas levantou-se enfim o fogo,
O navio mais violento
Entrou no porto.

Alva, segundo dia,
Eis-me chegado enfim na tua casa ardente
E rompi esse pão onde a água longe corre.

II / Je ne sais pas si je suis vainqueur. Mais j'ai saisi / D'un grand cœur l'arme enclose dans la pierre. /
J'ai parlé dans la nuit de l'arme, j'ai risqué / Le sens et au delà du sens le monde froid. // Un instant
tout manqua, / Le fer rouge de l'être ne troua plus / La grisaille du verbe, / Mais enfin le feu se leva, /
Le plus violent navire / Entra au port. // Aube d'un second jour, / Je suis enfin venu dans ta maison
brûlante / Et j'ai rompu ce pain où l'eau lointaine coule.

A IMPERFEIÇÃO É O CIMO

Acontecia ser preciso destruir, destruir, e destruir,
Acontecia a salvação ter esse preço.

Arruinar a face nua que sobe no mármore,
Martelar toda forma toda beleza.

Amar a perfeição por ser ela o limiar;
Negá-la ao conhecê-la, e esquecê-la morta,

A imperfeição é o cimo.

L'IMPERFECTION EST LA CIME / Il y avait qu'il fallait détruire et détruire et détruire, / Il y avait que le salut n'est qu'à ce prix. // Ruiner la face nue qui monte dans le marbre, / Marteler toute forme toute beauté. // Aimer la perfection parce qu'elle est le seuil, / Mais la nier sitôt connue, l'oublier morte, // L'imperfection est la cime.

VENERANDA

A orante fica a sós na sala baixa e pouco clara,
Tem nas vestes a cor como a espera dos mortos,
E é o azul mais apagado deste mundo,
Escamado, a mostrar o ocre das pedras nuas.
A infância está sozinha, e os que vêm são escuros,
Debruçam-se com lâmpadas sobre o seu corpo.
Estás dormindo? A tua presença inquieta queima
Como alma, nas palavras que te trago ainda.

Estás sozinha, envelheceste nesse quarto,
Entregas-te às tarefas do tempo e da morte.
Vê, no entanto, é bastante que voz baixa trema
Porque a alva na vidraça ressurgida escorra.

VENERANDA / L'orante est seule dans la salle basse très peu claire, / Sa robe a la couleur de l'attente
des morts, / Et c'est le bleu le plus éteint qui soit au monde, / Écaillé, découvrant l'ocre des pierres
nues. / L'enfance est seule, et ceux qui viennent sont obscurs, / Ils se penchent avec des lampes sur
son corps. / Oh, dors-tu? Ta présence inapaisable brûle / Comme une âme, en ces mots que je t'apporte
encor. // Tu es seule, tu as vieilli dans cette chambre, / Tu vaques aux travaux du temps et de la mort. /
Vois pourtant, il suffit qu'une voix basse tremble / Pour que l'aube ruisselle aux vitres reparues.

UMA VOZ

Eu entretinha um fogo na noite mais simples,
Segundo o fogo, usava de palavras puras,
Velava, Parca clara e de Parca sombria
Filha menos ansiosa na praia dos muros.

Tinha um pouco de tempo pra entender e ser,
Era a sombra, eu amava o aconchego do lar,
E esperava, pois era a paciência das salas,
Eu sabia que o fogo não queimava em vão...

UNE VOIX / J'entretenais un feu dans la nuit la plus simple, / J'usais selon le feu de mots désormais purs, / Je veillais, Parque claire et d'une Parque sombre / La fille moins anxieuse au rivage des murs. // J'avais un peu de temps pour comprendre et pour être, / J'étais l'ombre, j'aimais de garder le logis, / Et j'attendais, j'étais la patience des salles, / Je savais que le feu ne brûlait pas en vain...

VENERANDA

I

Ele vem, é o gesto de uma estátua,
Ele fala, o império tem dos mortos,
Ele é gigante, ele da pedra participa,
Ela mesma esse céu de cólera dos mortos.

Ele toma. Ele atrai e segura em seu rosto,
Lâmpada que arderá na região dos mortos,
O ínfimo corpo em brados e curvo da orante,
Ele o tem protegido da angústia da morte.

VENERANDA / I / Il vient, il est le geste d'une statue, / Il parle, son empire est chez les morts, / Il est géant, il participe de la pierre, / Elle-même le ciel de colère des morts. // Il saisit. Il attire et tient sur son visage, / Lampe qui brûlera dans le pays des morts, / L'infime corps criant et ployé de l'orante, / Il le protège de l'angoisse et de la mort.

II

Debruça-se. Deserto segundo outra cinza,
Tuas mãos a guiar a impaciência do fogo.
Forma com tuas mãos a sala com vidraças
De sombra onde rasgar-se a rosácea do fogo.

Sobre ti se debruça. E grave nesse esforço
Sendo a sua face cinza adorante do fogo,
Toca com o seu sangue os dentes da que chora,
Frios, largos, abertos às violências do fogo.

II / Il se penche. Désert selon quelque autre cendre / Que soient tes mains guidant l'impatience du feu. /
Il forme de tes mains la salle aux vitres d'ombre / Où se déchirera la rosace du feu. // Il se penche sur
toi. Et grave dans l'effort / Étant sa face grise adorante du feu, / Il touche de son sang les dents de la
pleureuse, / Froides, larges, ouvertes aux violences du feu.

III

Vem, e isso é já envelhecer. Porque te olha,
Olha a sua própria morte a declarar-se em ti.
Gosta de que esse bem que tu és o ameace,
Olha-o dormir sob tuas grandes árvores frias.

Ele confia, e dorme. Árvore parca em sustos
Seja o desejo ansioso de o não acordares.
— Árvore em que porém num salto a chama surge,
Mesa em que o dom agarra, pleno, consumirá.

III / Il vient, et c'est vieillir. Parce qu'il te regarde, / Il regarde sa mort qui se déclare en toi. / Il aime que ce bien que tu es le menace, / Regarde-le dormir sous tes grands arbres froids. // Il a confiance, il dort. Arbre de peu d'alarme / Soit ton désir anxieux de ne l'éveiller pas. / — Arbre où pourtant d'un bond se fait déjà la flamme, / Table où le don saisit, comble, consumera.

UMA VOZ

Urtiga, ó proa dessa praia em que ele quebra,
Ó de pé gelada no vento,
Dá-me o sinal de tua presença, ó minha serva,
Em vestes negras escamadas.

Ó pedra cinza,
Caso tenhas de fato a cor do sangue,
Comove-te do sangue a atravessar-te,
Abre-me o porto do teu grito,

Que em ti eu vá rumo a ele
Que finge estar a dormir,
De cabeça em ti enclaustrada.

UNE VOIX / Ortie, ô proue de ce rivage où il se brise, / O debout glacée dans le vent, / Fais-moi le
signe de présence, ô ma servante / En robe noire écaillée, // O pierre grise, / S'il est vrai que tu aies
la couleur du sang, / Émeus-toi de ce sang qui te traverse, / Ouvre-moi le port de ton cri, // Qu'en toi
je vienne vers lui / Qui fait semblant de domir / La tête close sur toi.

VENERANDA

Ele dela se aparta, ele é uma outra terra,
Nada há de reunir esses globos estranhos
E nem mesmo esse fogo a imitar na lareira
O outro fogo maior que luz nos mundos ermos.

Quão pouco importa um homem ter tido passagem
No sonho, ou ter rompido os mais antigos ferros!
Longa foi esta noite. E tantos anos
Terão girado no horto escuro dos oceanos.

VENERANDA / Il se sépare d'elle, il est une autre terre, / Rien ne réunira ces globes étrangers / Et
même pas ce feu qui imite dans l'âtre / Le feu plus grand qui luit sur les mondes déserts. // Comme
il importe peu qu'un homme ait eu passage / Dans le rêve, ou rompu les plus antiques fers! / Longue
fut cette nuit. Et tant d'années / Auront tourné sur le jardin sombre des mers.

A NOITE TODA

A noite toda a besta se mexeu na sala,
Que é esse caminho que não quer findar?
A noite toda a barca tem buscado a praia,
Que são esses ausentes que querem voltar,
A noite toda a espada conheceu a chaga,
Que é essa aflição que há de nada captar,
A noite toda a besta gemicou na sala,
Ensanguentou, e denegou a luz das salas,
Que é essa morte que não vai nada curar?

TOUTE LA NUIT / Toute la nuit la bête a bougé dans la salle, / Qu'est-ce que ce chemin qui ne veut pas finir, / Toute la nuit la barque a cherché le rivage, / Qu'est-ce que ces absents qui veulent revenir, / Toute la nuit l'épée a connu la blessure, / Qu'est-ce que ce tourment qui ne sait rien saisir, / Toute la nuit la bête a gémi dans la salle, / Ensanglanté, nié la lumière des salles, / Qu'est-ce que cette mort qui ne va rien guérir?

Tu hás de deitar-te sobre a terra simples,
De onde houveste que ela pertencesse a ti?

Do céu imutado a sempre errante luz
Irá renovando a manhã sem fim.

Vais crer que renasces nas horas profundas
Do fogo inaceito, fogo mal extinto.

Mas o anjo virá com suas mãos de cinza
Abafar o ardor que nunca há de ter fim.

Tu te coucheras sur la terre simple, / De qui tenais-tu qu'elle t'appartînt? // Du ciel inchangé l'errante
lumière / Recommencera l'éternel matin. // Tu croiras renaître aux heures profondes / Du feu renoncé,
du feu mal éteint. // Mais l'ange viendra de ses mains de cendre / Étouffer l'ardeur qui n'a pas de fin.

A MEMÓRIA

Acontece que os dedos se crisparam,
Faziam as vezes de memória,
Foi preciso descobrir as tristes forças guardiãs
Para lançar a árvore e o mar.

LA MÉMOIRE / Il y a que les doigts s'étaient crispés, / Ils tenaient lieu de mémoire, / Il a fallu desceller les tristes forces gardiennes / Pour jeter l'arbre et la mer.

CANTO DE SALVAGUARDA

Rasgue-se o pássaro em areias, tu dizias,
Seja, alto em seu céu de aurora, nossa praia.
Mas ele, náufrago da abóbada cantante,
Chorando já caía na argila dos mortos.

LE CHANT DE SAUVEGARDE
Que l'oiseau se déchire en sables, disais-tu, / Qu'il soit, haut dans son ciel de l'aube, notre rive. / Mais lui, le naufragé de la voûte chantante, / Pleurant déjà tombait dans l'argile des morts.

O pássaro chamou-me, logo vim,
Eu aceitei viver naquela sala
Má, repeti que ela era desejável,
Cedi ao ruído morto a se mover em mim.

Depois lutei, fiz as palavras que me obsedam
Surgir luz na vidraça onde transi de frio.
E o pássaro a cantava, voz negra e cruel,
E eu detestei a noite uma segunda vez,

E envelheci, paixão agora, velar rudo,
Fiz nascer um silêncio que me foi deserto.
— Mais tarde esse outro canto ouvi, que está desperto
Nesse fundo cantar do pássaro já mudo.

L'oiseau m'a appelé, je suis venu, / J'ai accepté de vivre dans la salle / Mauvaise, j'ai redit qu'elle était désirable, / J'ai cédé au bruit mort qui remuait en moi. // Puis j'ai lutté, j'ai fait que des mots qui m'obsèdent / Paraissent en clarté sur la vitre où j'eus froid. / L'oiseau chantait toujours de voix noire et cruelle, / J'ai détesté la nuit une seconde fois, // Et j'ai vieilli, passion désormais, âpre veille, / J'ai fait naître un silence où je me suis perdu. / — Plus tard j'ai entendu l'autre chant, qui s'éveille / Au fond morne du chant de l'oiseau qui s'est tu.

FOLHAGEM ILUMINADA

I

Dizes que ele ficava na outra margem,
Dizes que te espreitava ao fim do dia?

Na árvore de silêncio o pássaro tomara-nos
Com seu canto amplo e puro e ávido os corações,
E conduzia
Vozes todas na noite em que as vozes se perdem
Com as palavras reais,
Com o movimento das palavras na folhagem
Para chamar ainda, para amar em vão
Tudo o que está perdido,
O alto barco repleto de dor arrastava
Toda ironia além da nossa praia,
Era o anjo de deixar a terra de lareiras e de lâmpadas
E de ceder ao gosto de espuma da noite.

LE FEUILLAGE ÉCLAIRÉ / I / Dis-tu qu'il se tenait sur l'autre rive, / Dis-tu qu'il te guettait à la fin du jour? // L'oiseau dans l'arbre de silence avait saisi / De son chant vaste et simple et avide nos cœurs, / Il conduisait / Toutes voix dans la nuit où les voix se perdent / Avec leurs mots réels, / Avec le mouvement des mots dans le feuillage / Pour appeler encor, pour aimer vainement / Tout ce qui est perdu, / Le haut vaisseau chargé de douleur entraînait / Toute ironie loin de notre rivage, / Il était l'ange de quitter la terre d'âtres et de lampes / Et de céder au goût d'écume de la nuit.

II

A voz era de pura ironia nas árvores,
De distância, de morte,
De alvas um descobrir longe de nós

Em lugar recusado. E o nosso porto
Era de argila negra. Nenhum barco
Havia ali jamais feito o sinal de luz.
Tudo principiava ao canto de alva cruel,
Uma esperança que libera, uma pobreza.

Era como em lavoura de terra difícil
O instante nu, rasgado
Em que se sente o ferro achar o coração
Da sombra e inventar a morte em céu cambiante.

II / La voix était d'ironie pure dans les arbres, / De distance, de mort, / De descellement d'aubes loin de nous // Dans un lieu refusé. Et notre port / Était de glaise noire. Nul vaisseau / N'y avait jamais fait le signe de lumière, / Tout commençait avec ce chant d'aube cruelle, / Un espoir qui délivre, une pauvreté. // C'était comme en labour de terre difficile / L'instant nu, déchiré / Où l'on sent que le fer trouve le cœur de l'ombre / Et invente la mort sous un ciel qui change.

III

Entretanto nas árvores,
Nessa chama dos frutos mal notada,
Do vermelho e do azul a espada
Duramente mantinha a primeira ferida,
Sofrida e já esquecida quando veio a noite.

O anjo de aqui viver, tarde chegado,
Rasgava-se qual vestes entre as árvores,
Suas pernas de folhagem sob as lâmpadas
Surgiam, por matéria e movimento e noite.

III / Mais dans les arbres, / Dans la flamme des fruits à peine aperçue, / L'épée du rouge et du bleu / Durement maintenait la première blessure, / La soufferte puis l'oubliée quand vint la nuit. // L'ange de vivre ici, le tard venu, / Se déchirait comme une robe dans les arbres, / Ses jambes de feuillage sous les lampes / Paraissaient, par matière et mouvement et nuit.

IV

Ele é a terra, a obscura, onde deves viver,
Tu não hás de negar as pedras da morada,
Junto a sombras mortais vai se estender tua sombra
Sobre as lajes em que vem e não vem o dia.

Ele é a terra d'alva. Onde sombra essencial
Encobre toda luz, vela toda verdade.
Mesmo em terra de exílio a gente amou a terra,
Tanto é verdade que já nada vence o amor.

IV / Il est la terre, elle l'obscure, où tu dois vivre, / Tu ne dénieras pas les pierres du séjour, / Ton ombre doit s'étendre auprès d'ombres mortelles / Sur les dalles où vient et ne vient pas le jour. // Il est la terre d'aube. Où une ombre essentielle / Voile toute lumière et toute vérité. / Mais même en lieu d'exil on a aimé la terre, / Tant il est vrai que rien ne peut vaincre l'amour.

A ENFERMIDADE DO FOGO

Pegou o fogo, é esse o destino dos galhos,
Vai lhes tocar o íntimo de pedra e fogo,
Ele que vinha ao porto de tudo que nasce,
Nas praias da matéria ele terá repouso.

Queimará. Mas tu sabes, puro prejuízo,
O espaço de um chão nu do solo surgirá,
A estrela de um chão negro ao fogo se abrirá,
O astro da morte há de aclarar nossos caminhos.

Ficará velho. O vau onde se amoitam sombras
Uma hora só terá faiscado, sob seus passos.
Também a Ideia passa a matéria que usa
E renuncia a esse tempo a que não salva.

L'INFIRMITÉ DU FEU / Le feu a pris, c'est là le destin des branches, / Il va toucher leur coeur de pierraille et de froid, / Lui qui venait au port de toute chose née, / Aux rives de matière il se reposera. // Il brûlera. Mais tu le sais, en pure perte, / L'espace d'un sol nu sous le feu paraîtra, / L'étoile d'un sol noir sous le feu s'étendra, / L'étoile de la mort éclairera nos routes. // Il vieillira. Le gué où buissonnent les ombres / N'aura étincelé qu'une heure, sous son pas. / L'Idée aussi franchit la matière qu'elle use / Et renonce à ce temps qu'elle ne sauve pas.

Tu ouvirás
Esse grito de pássaro enfim, como espada
Ao longe, na parede da montanha,
E saberás que um signo foi gravado
Na guarda, nesse ponto de esperança e luz.
Tu surgirás
Sobre o átrio do grito do oscilante pássaro,
Aqui termina a espera, acaso compreendes,
Aqui na relva antiga tu verás
Brilhar o gládio nu que hás de empunhar.

Tu entendras / Enfin ce cri d'oiseau, comme une épée / Au loin, sur la paroi de la montagne, / Et tu sauras qu'un signe fut gravé / Sur la garde, au point d'espérance et de lumière. / Tu paraîtras / Sur le parvis du cri de l'oiseau chancelant, / C'est ici que prend fin l'attente, comprends-tu, / Ici dans l'herbe ancienne tu verras / Briller le glaive nu qu'il te faut saisir.

À VOZ DE KATHLEEN FERRIER

Juntavam-se a doçura e a ironia toda
Para um adeus de bruma e de cristal,
Do ferro os fundos golpes quase silenciavam,
A luz do gládio havia-se velado.

Celebro a voz mesclada à cor escura
Hesitando nos longes do canto perdido
Como se para além de toda forma pura
Tremesse um canto outro e único absoluto.

Ó luz e da luz nada, ó lágrimas sorrindo
Mais alto que a agonia ou que a esperança,
Cisne, lugar real na irreal água escura
Ó fonte, quando foi profundamente noite.

Pareces conhecer as duas margens,
A alegria extrema e a extrema dor.
Lá, de entre os juncos cor de cinza em meio à luz,
Pareces recolher algo de eterno.

À LA VOIX DE KATHLEEN FERRIER / Toute douceur toute ironie se rassemblaient / Pour un adieu de cristal et de brume, / Les coups profonds du fer faisaient presque silence, / La lumière du glaive s'était voilée. // Je célèbre la voix mêlée de couleur grise / Qui hésite aux lointains du chant qui s'est perdu / Comme si au delà de toute forme pure / Tremblât un autre chant et le seul absolu. // O lumière et néant de la lumière, ô larmes / Souriantes plus haut que l'angoisse ou l'espoir, / O cygne, lieu réel dans l'irréelle eau sombre, / O source, quand ce fut profondément le soir! // Il semble que tu connaisses les deux rives, / L'extrême joie et l'extrême douleur. / Là-bas, parmi ces roseaux gris dans la lumière, / Il semble que tu puises de l'éternel.

TERRA DA MADRUGADA

A alva passa o limiar, calou-se o vento,
O fogo retirou-se na laura das sombras.

Terra das bocas frias, ó gritante
Luto mais velho em teus grotões secretos,
A alva vai reflorir nos teus olhos de sono,
Descobre-me manchado o teu rosto de orante.

TERRE DU PETIT JOUR / L'aube passe le seuil, le vent s'est tu, / Le feu s'est retiré dans la laure
des ombres. // Terre des bouches froides, ô criant / Le plus vieux deuil par tes secrètes clues, / L'aube
va refleurir sur tes yeux de sommeil, / Découvre-moi souillé ton visage d'orante.

A RAVINA

Acontece que estava uma espada fincada
Na massa de rochedo.
A guarda enferrujara, o antigo ferro
Avermelhara o flanco da pedra cinzenta.
E sabias que tinhas de empunhar
Tanta ausência com ambas as mãos, e arrancar
Da sua ganga de noite a chama escura.
Palavras esculpidas no sangue da pedra
Diziam o caminho, saber e morrer.

Penetra na ravina de ausência, retira-te,
Aqui em meio às pedras fica o porto.
Um canto de pássaro
Vai te mostrar onde ele está na nova praia.

LE RAVIN / Il y a qu'une épée était engagée / Dans la masse de pierre. / La garde était rouillée,
l'antique fer / Avait rougi le flanc de la pierre grise. / Et tu savais qu'il te fallait saisir / A deux mains
tant d'absence, et arracher / A sa gangue de nuit la flamme obscure. / Des mots étaient gravés dans
le sang de la pierre, / Ils disaient ce chemin, connaître puis mourir. // Entre dans le ravin d'absence,
éloigne-toi, / C'est ici en pierrailles qu'est le port. / Un chant d'oiseau / Te le désignera sur la nouvelle rive.

A ETERNIDADE DO FOGO

Fênix falando ao fogo, que é destino
E paisagem clara a lançar sombras,
Eu sou aquele a quem esperas, diz,
Venho perder-me em teu grave país.

Ele olha o fogo. Ele vê como vem,
Como se estabelece na alma escura
E quando a alva aparece nas vidraças, como
Cala-se o fogo, e vai dormir aquém de fogo.

Ele o alimenta de silêncio. Espera
Que cada dobra de um silêncio eterno,
Ao se pousar sobre ele como a areia,
Venha agravar sua imortalidade.

L'ÉTERNITÉ DU FEU / Phénix parlant au feu, qui est destin / Et paysage clair jetant ses ombres, / Je suis celui que tu attends, dit-il, / Je viens me perdre en ton grave pays. // Il regarde le feu. Comment il vient, / Comment il s'établit dans l'âme obscure / Et quand l'aube paraît à des vitres, comment / Le feu se tait, et va dormir plus bas que feu. // Il le nourrit de silence. Il espère / Que chaque pli d'un silence éternel, / En se posant sur lui comme le sable, / Aggravera son immortalité.

Tu saberás que um pássaro falou mais alto
Que toda árvore real, mais simplesmente
Que toda voz daqui em nossa ramagem,
E hás de esforçar-te por deixar o porto dessas
Árvores, teus antigos gritos, pedra ou cinza.

Caminharás, Teus passos
Longamente serão a noite, a terra nua,

E ele se afastará a cantar de praia em praia.

Tu sauras qu'un oiseau a parlé, plus haut / Que tout arbre réel, plus simplement / Que toute voix d'ici
dans nos ramures, / Et tu t'efforceras de quitter le port / De ces arbres, tes cris anciens, de pierre ou
cendre. // Tu marcheras, / Tes pas seront longtemps la nuit, la terre nue, // Et lui s'éloignera chantant
de rive en rive.

A UMA TERRA DE ALVA

Alva, filha das lágrimas, refaz
De coisa cinza o quarto em sua paz
E o coração na ordem. Tanta noite
Pedia a esse fogo ter declínio e fim,
Temos, sim, de velar junto do rosto morto.
Ele mudou bem pouco... O navio das lâmpadas
Acaso adentrará o porto do desejo,
Sobre as mesas daqui a chama feita cinza
Medrará noutra parte sob outro lampejo?
Alva, levanta, toma o rosto desnublado,
Colore pouco a pouco o tempo renovado.

À UNE TERRE D'AUBE
Aube, fille des larmes, rétablis / La chambre dans sa paix de chose grise / Et le cœur dans son ordre.
Tant de nuit / Demandait à ce feu qu'il décline et s'achève, / Il nous faut bien veiller près du visage
mort. / À peine a-t-il changé... Le navire des lampes / Entrera-t-il au port qu'il avait demandé, / Sur
les tables d'ici la flamme faite cendre / Grandira-t-elle ailleurs dans une autre clarté? / Aube, soulève,
prends le visage sans ombre, / Colore peu à peu le temps recommencé.

UMA VOZ

Ouve-me reviver nessas florestas
Sob essas frondes de memória
Onde eu passo verde,
Sorriso calcinado de antigas plantas na terra,
Raça carvoenta do dia.

Ouve-me reviver, vou conduzir-te
Ao jardim de presença,
O abandonado à noite e que sombras encobrem,
O habitável por ti no novo amor.

Reinante ontem deserto, eu era folha agreste
E livre de morrer,
E o tempo madurava, atra queixa das combas,
A ferida da água nas pedras do dia.

UNE VOIX / Écoute-moi revivre dans ces forêts / Sous les frondaisons de mémoire / Où je passe verte, /
Sourire calciné d'anciennes plantes sur la terre, / Race charbonneuse du jour. // Écoute-moi revivre,
je te conduis / Au jardin de présence, / L'abandonné au soir et que des ombres couvrent, / L'habitable
pour toi dans le nouvel amour. // Hier régnant désert, j'étais feuille sauvage / Et libre de mourir, / Mais
le temps mûrissait, plainte noire des combes, / La blessure de l'eau dans les pierres du jour.

VENERANDA

Oh, que fogo no pão rompido, que alva
Tão pura nas estrelas combalidas!
Contemplo o dia vir por entre as pedras,
Estás sozinha em seu brancor vestida em negro.

VENERANDA / Oh, quel feu dans le pain rompu, quelle aube / Pure dans les étoiles affaiblies! / Je regarde le jour venir parmi les pierres, / Tu es seule dans sa blancheur vêtue de noir.

Quanto astro haverá passado
A terra sempre negável,
Mas tu, conservaste clara
Uma antiga liberdade.

Vegetal acaso és, tu
Tens força de grandes árvores
De aqui estar presa, mas livre
Em meio aos mais altos ventos.

E qual nascer impaciente
Fissura uma terra seca,
Com teu olhar tu denegas
O peso das gredas de astros.

Combien d'astres auront franchi / La terre toujours niable, / Mais toi tu as gardé claire / Une antique liberté. // Es-tu végétale, tu / As de grands arbres la force / D'être ici astreinte, mais libre / Parmi les vents les plus hauts. // Et comme naître impatient / Fissure la terre sèche, / De ton regard tu dénies / Le poids des glaises d'étoiles.

Apaziguada agora, tu te lembras
De um tempo em que lutávamos com grandes armas,
Que nos restava
Além de uma ânsia de perder-nos, infinita?

Não tínhamos passado
A só grade na noite ou um saber de vida
Que no tom cinza está e no acanto dos mortos.

Não tínhamos amado
O fogo em longa noite, a incansável paciência
Que para nós faz alva da ramagem morta.

Apaisé maintenant, te souviens-tu / D'un temps où nous luttions à grandes armes, / Que restait-il / Dans nos coeurs qu'un désir de nous perdre, infini? / Nous n'avions pas franchi / La seule grille au soir ou sagesse de vivre / Qui est dans la grisaille et l'acanthe des morts. // Nous n'avions pas aimé / Le feu de longue nuit, l'inlassable patience / Qui fait aube pour nous de tout branchage mort.

O PAÍS DESCOBERTO

A estrela no limiar. O vento, preso
Em mãos imóveis.
Foram de longa luta a palavra e o vento,
E súbito depois o silêncio do vento.

O país descoberto era só pedra cinza
Longe, abaixo jazia o clarão de um rio nulo.
Mas as chuvas da noite na terra surpresa
Acordaram o ardor a que tu chamas tempo.

LE PAYS DÉCOUVERT / L'étoile sur le seuil. Le vent, tenu / Dans des mains immobiles. / La parole et le vent furent de longue lutte, / Et puis ce fut d'un coup ce silence du vent. // Le pays découvert n'était que pierre grise. / Très loin, très bas gisait l'éclair d'un fleuve nul. / Mais les pluies de la nuit sur la terre surprise / Ont réveillé l'ardeur que tu nommes le temps.

DELFOS DO SEGUNDO DIA

Aqui a inquieta voz consente amar
A pedra simples,
As lajes a que o tempo assujeita e liberta,
A oliva cuja força sabe à seca pedra.

O passo em seu lugar real. A inquieta voz
Feliz sob essas rochas do silêncio,
E o infinito, o indefinido responsório
Dos guizos, praia ou morte. Era de nulo horror
Teu pego claro, Delfos do segundo dia.

DELPHES DU SECOND JOUR / Ici l'inquiète voix consent d'aimer / La pierre simple, / Les dalles que le temps asservit et délivre, / L'olivier dont la force a goût de sèche pierre. // Le pas dans son vrai lieu. L'inquiète voix / Heureuse sous les roches du silence, / Et l'infini, l'indéfini répons / Des sonnailles, rivage ou mort. De nul effroi / Était ton gouffre clair, Delphes du second jour.

AQUI, SEMPRE AQUI

Aqui, no lugar claro. A alva se foi,
É o dia claro já dos dizíveis desejos.
Das miragens de um canto no teu sonho fica
O cintilar apenas de pedras vindouras.

Aqui, e até a tarde. Essa rosa de sombras
Vai girar na parede. A rosa de horas
Desflorirá sem bulha. As lajes claras
Vão dispor desses passos amantes do dia.

Aqui, sempre aqui. Pedras sobre pedras
Ergueram o país dito pelo lembrar.
E o barulho dos frutos simples a cair
Mal enfebrece em ti o tempo que vai curar.

ICI, TOUJOURS ICI / Ici, dans le lieu clair. Ce n'est plus l'aube, / C'est déjà la journée aux dicibles désirs. / Des mirages d'un chant dans ton rêve il ne reste / Que ce scintillement de pierres à venir. // Ici, et jusqu'au soir. La rose d'ombres / Tournera sur les murs. La rose d'heures / Défleurira sans bruit. Les dalles claires / Mèneront à leur gré ces pas épris du jour. // Ici, toujours ici. Pierres sur pierres / Ont bâti le pays dit par le souvenir. / À peine si le bruit de fruits simples qui tombent / Enfièvre encore en toi le temps qui va guérir.

A voz daquilo que destrói
Ressoa na árvore de pedra,
O passo arriscado à porta
Pode ainda vencer a noite.

Donde vem o Édipo que passa?
Vê, no entanto, ele ganhou.
Imóvel sabedoria
Assim que responde se esvai.

A Esfinge que silencia
Fica na areia da Ideia.
Mas fala a Esfinge, e sucumbe.

Por que palavras? Por confiança,
E por que um fogo retrespasse
A voz de Édipo salvo.

La voix de ce qui détruit / Sonne encor dans l'arbre de pierre, / Le pas risqué sur la porte / Peut encore vaincre la nuit. // D'où vient l'OEdipe qui passe? / Vois, pourtant, il a gagné. / Une sagesse immobile / Dès qu'il répond se dissipe. // Le Sphinx qui se tait demeure / Dans le sable de l'Idée. / Mais le Sphinx parle, et succombe. // Pourquoi des mots? Par confiance, / Et pour qu'un feu retraverse / La voix d'OEdipe sauvé.

A MESMA VOZ, SEMPRE

Eu sou como esse pão que romperás,
Como esse fogo que farás, como a água pura
Que te acompanhará pela terra dos mortos.

Como essa espuma
Que a luz e o porto para ti amadureceu.

Como da noite o pássaro, que apaga as praias,
Como da noite o vento já mais brusco e frio.

LA MÊME VOIX, TOUJOURS / Je suis comme le pain que tu rompras, / Comme le feu que tu feras, comme l'eau pure / Qui t'accompagnera sur la terre des morts. // Comme l'écume / Qui a mûri pour toi la lumière et le port. // Comme l'oiseau du soir, qui efface les rives, / Comme le vent du soir soudain plus brusque et froid.

O PÁSSARO DAS RUÍNAS

O pássaro das ruínas se desfaz da morte,
Nidifica na pedra acinzentada ao sol,
Passou além de toda dor, toda memória,
Não sabe mais o que é amanhã dentro do eterno.

L'OISEAU DES RUINES / L'oiseau des ruines se dégage de la mort, / Il nidifie dans la pierre grise au soleil, / Il a franchi toute douleur, toute mémoire, / Il ne sait plus ce qu'est demain dans l'éternel.

DEVOÇÃO

(1959)

DÉVOTION

I

Nas urtigas e nas pedras.

Nas "matemáticas severas". Nos trens mal iluminados de cada noite. Nas ruas de neve sob a estrela sem limite.

Eu caminhava, me perdia. E as palavras mal achavam seu caminho no terrível silêncio. — Nas palavras pacientes e salvadoras.

II

Na "Madona da noite". Na grande mesa de pedra acima das margens prazerosas. Em passos que se uniram, depois se separaram.

No inverno oltr'Arno. Na neve e em tantos passos. Na capela Brancacci, quando é noite.

III

Nas capelas das ilhas.

Na Galla Placidia. As paredes estreitas dando medida às nossas sombras. Em estátuas na relva; e, como eu talvez, sem rosto.

Numa porta murada de tijolos cor de sangue sobre a tua fachada cinza, catedral de Valladolid. Em grandes círculos de pedra. Em um *paso* carregado de terra preta morta.

Em Santa Marta D'Agliè, no Canavese. O tijolo vermelho que envelheceu pronunciando a alegria barroca. Num palácio deserto e enclausurado entre as árvores.
(Em todo palácio deste mundo, pela acolhida que dão à noite.)

I / Aux orties et aux pierres. // Aux "mathématiques sévères". Aux trains mal éclairés de chaque soir. Aux rues de neige sous l'étoile sans limite. / J'allais, je me perdais. Et les mots trouvaient mal leur voie dans le terrible silence. — Aux mots patients et sauveurs. // II / A la "Madone du soir". A la grande table de pierre au-dessus des rives heureuses. A des pas qui se sont unis, puis séparés. // A l'hiver oltr'Arno. A la neige et à tant de pas. A la chapelle Brancacci, quand il fait nuit. // III / Aux chapelles des îles. // A Galla Placidia. Les murs étroits portant mesure dans nos ombres. A des statues dans l'herbe; et, comme moi peut-être, sans visage. // A une porte murée de briques couleur du sang sur ta façade grise, cathédrale de Valladolid. A de grands cercles de pierre. A un *paso* chargé de terre morte noire. // A Sainte-Marthe d'Agliè, dans le Canavese. La brique rouge et qui a vieilli prononçant la joie baroque. A un palais désert et clos parmi les arbres. / (A tous palais de ce monde, pour l'accueil qu'ils font à la nuit.)

Na minha morada em Urbino entre o número e a noite.

Em Santo Ivo da Sabedoria.

Em Delfos onde se pode morrer.

Na cidade dos papagaios de papel e das grandes mansões de vidro onde se reflete o céu.

Nos pintores da escola de Rímini. Eu quis ser historiador por angústia de vossa glória. Quisera apagar a história por zelo de vosso absoluto.

IV

E sempre em cais de noite, em *pubs*, em uma voz a dizer *Eu sou a lâmpada, Eu sou o óleo.*

Nessa voz consumida por febre essencial. No tronco cinza do bordo. Numa dança. Nessas duas salas quaisquer, para a manutenção dos deuses entre nós.

A ma demeure à Urbin entre le nombre et la nuit. // A Saint-Yves de la Sagesse. // A Delphes où l'on peut mourir. // A la ville des cerfs-volants et des grandes maisons de verre où se reflète le ciel. // Aux peintres de l'école de Rimini. J'ai voulu être historien par angoisse de votre gloire. Je voudrais effacer l'histoire par souci de votre absolu. // IV / Et toujours à des quais de nuit, à des pubs, à une voix disant *Je suis la lampe, Je suis l'huile*. // A cette voix consumée par une fièvre essentielle. Au tronc gris de l'érable. A une danse. A ces deux salles quelconques, pour le maintien des dieux parmi nous.

PEDRA ESCRITA

(1965)

PIERRE ÉCRITE

Thou mettest with things dying;
I with things new born.

Le Conte d'hiver

VERÃO DE NOITE

VERÃO DE NOITE

I

Parece-me, esta noite,
Que o céu cheio de estrelas, se alargando,
Se aproxima de nós; e que a noite,
Trás tantos fogos, é menos escura.

E a folhagem também brilha sob a folhagem,
O verde, e o alaranjado das frutas maduras,
Cresceu, lâmpada de anjo perto, um batimento
De luz oculta toma a árvore universal.

Parece-me, esta noite,
Que entramos no jardim, e que o seu anjo
Fechou-lhe as portas para todo o sempre.

L'ÉTÉ DE NUIT

L'ÉTÉ DE NUIT // I / Il me semble, ce soir, / Que le ciel étoilé, s'élargissant, / Se rapproche de nous; et que la nuit, / Derrière tant de feux, est moins obscure. // Et le feuillage aussi brille sous le feuillage, / Le vert, et l'orangé des fruits mûrs, s'est accru, / Lampe d'un ange proche; un battement / De lumière cachée prend l'arbre universel. // Il me semble, ce soir, / Que nous sommes entrés dans le jardin, dont l'ange / A refermé les portes sans retour.

II

Navio de um verão
E tu como na proa, ao se findar o tempo,
A desdobrar panos tingidos, fala baixa.

Nesse sonho de maio
Subia a eternidade entre os frutos da árvore
E eu te ofertava o fruto a que ilimita a árvore
Sem angústia nem morte, de um mundo partido.

No deserto de espuma vagam ao longe os mortos,
Deserto já não há pois tudo está em nós,
E morte já não há pois que meus lábios tocam
A água de semelhança esparsa sobre o mar.

Ó do verão bastança, eu te houvera assim pura
Como água a que mudou a estrela, como o ruído
De espuma a nossos pés de onde o brancor da areia
Sobe a abençoar nossos corpos sem luz.

II / Navire d'un été, / Et toi comme à la proue, comme le temps s'achève, / Dépliant des étoffes peintes, / parlant bas. // Dans ce rêve de mai / L'éternité montait parmi les fruits de l'arbre / Et je t'offrais le / fruit qui illimite l'arbre / Sans angoisse ni mort, d'un monde partagé. // Vaguent au loin les morts au / désert de l'écume, / Il n'est plus de désert puisque tout est en nous / Et il n'est plus de mort puisque / mes lèvres touchent / L'eau d'une ressemblance éparse sur la mer. // O suffisance de l'été, je t'avais / pure / Comme l'eau qu'a changée l'étoile, comme un bruit / D'écume sous nos pas d'où la blancheur / du sable / Remonte pour bénir nos corps inéclairés.

III

O movimento
Para nós se mostrara a falta, e íamos ambos
Na imobilidade, assim sob o navio
Move-se e não se move a folhagem dos mortos.

Eu te dizia minha figura de proa
Feliz, indiferente, que conduz,
De olhos fechados quase, o navio de viver
E sonha os sonhos seus, em sua paz profunda,
E se arca sobre a vante onde o antigo amor bate.

Sorridente, primeira, deslavada,
Para sempre reflexo de uma estrela imóvel
Nesse gesto mortal.
Amada, na folhagem do oceano.

III / Le mouvement / Nous était apparu la faute, et nous allions / Dans l'immobilité comme sous le navire / Bouge et ne bouge pas le feuillage des morts. // Je te disais ma figure de proue / Heureuse, indifférente, qui conduit, / Les yeux à demi clos, le navire de vivre / Et rêve comme il rêve, étant sa paix profonde, / Et s'arque sur l'étrave où bat l'antique amour. // Souriante, première, délavée, / A jamais le reflet d'une étoile immobile / Dans le geste mortel. / Aimée, dans le feuillage de la mer.

IV

Terra como enxarciada,
Vê,
É tua figura de proa
Manchada de vermelho.

A estrela, a água, o sono
Gastaram a espádua nua
Que fremeu e então se inclina
No Oriente onde gela o coração.

Reinou o óleo mediante
Em seu corpo de sombras móveis,
E no entanto ela inclina a nuca
Como se pesa a alma dos mortos.

IV / Terre comme gréée, / Vois, / C'est ta figure de proue, / Tachée de rouge. // L'étoile, l'eau, le sommeil / Ont usé cette épaule nue / Qui a frémi puis se penche / A l'Orient où glace le cœur. // L'huile méditante a régné / Sur son corps aux ombres qui bougent, / Et pourtant elle ploie sa nuque / Comme on pèse l'âme des morts.

V

Aí está quase o instante
Em que já não há dia, ou noite, tanto a estrela
Cresceu pra bendizer esse corpo moreno,
Ridente, infindo, uma água móvel sem quimera.

As fracas mãos terrestres desfarão
O nó triste dos sonhos.
Descansará a claridade protegida
Sobre a mesa das águas.

A estrela ama a espuma, e queimará
Nesse vestido cinza.

V / Voici presque l'instant / Où il n'est plus de jour, plus de nuit, tant l'étoile / A grandi pour bénir
ce corps brun, souriant, / Illimité, une eau qui sans chimère bouge. // Ces frêles mains terrestres
dénoueront / Le nœud triste des rêves. / La clarté protégée reposera / Sur la table des eaux. // L'étoile
aime l'écume, et brûlera / Dans cette robe grise.

... VI

Foi verão longo tempo. Uma imóvel estrela
Regia os sóis em giro. Esse verão de noite
Carregava o verão de dia em mãos de luz
E falávamos baixo, em folhagem de noite.

A estrela indiferente; e a vante; e o iluminado
Caminho de uma a outra em água e céus tranquilos.
Tudo que é se movia, assim navio que roda
E resvala, e não sabe a sua alma na noite.

... VI / Longtemps ce fut l'été. Une étoile immobile / Dominait les soleils tournants. L'été de nuit /
Portait l'été de jour dans ses mains de lumière / Et nous nous parlions bas, en feuillage de nuit. //
L'étoile indifférente; et l'étrave; et le clair / Chemin de l'une à l'autre en eaux et ciels tranquilles. /
Tout ce qui est bougeait comme un vaisseau qui tourne / Et glisse, et ne sait plus son âme dans la nuit.

VII

Para nós não havia o verão a cruzar,
Largo oceano imóvel, e eu simples, deitado
Nos olhos, e na boca e a alma da vante, amando
O verão, a beber teus olhos sem lembranças,

Não era eu o sonho de ausentes pupilas
Que pega e já não pega, e só quer conservar
Da tua cor de verão um azul de outra pedra
Para um verão maior, em que nada se finda?

VII / N'avions-nous pas l'été à franchir, comme un large / Océan immobile, et moi simple, couché / Sur les yeux et la bouche et l'âme de l'étrave, / Aimant l'été, buvant tes yeux sans souvenirs, // N'étais-je pas le rêve aux prunelles absentes / Qui prend et ne prend pas, et ne veut retenir / De ta couleur d'été qu'un bleu d'une autre pierre / Pour un été plus grand, où rien ne peut finir?

VIII

Mas o teu ombro rasga-se nas árvores,
Céu estrelado, e tua boca procura
Os rios a respirar da terra pra viver
Entre nós tua zelosa e desejante noite.

Ó nossa imagem inda,
Junto do coração tens a mesma ferida,
A mesma luz onde se move um mesmo ferro.

Divide-te, que és a ausência e suas marés.
Acolhe-nos, com gosto de fruta caída,
Nas tuas praias ermas mescla-nos à espuma
Com paus da morte náufragos, ramagens

Duplas da árvore da noite, duplas sempre.

VIII / Mais ton épaule se déchire dans les arbres, / Ciel étoilé, et ta bouche recherche / Les fleuves
respirants de la terre pour vivre / Parmi nous ta soucieuse et désirante nuit. // O notre image encor, /
Tu portes près du cœur une même blessure, / Une même lumière où bouge un même fer. // Divise-toi,
qui es l'absence et ses marées. / Accueille-nous, qui avons goût de fruits qui tombent, / Mêle-nous
sur tes plages vides dans l'écume / Avec les bois d'épave de la mort, // Arbre aux rameaux de nuit
doubles, doubles toujours.

IX

Águas do adormecido, árvore de ausência, horas
Sem praia, em vossa eternidade uma noite se finda.
Como chamar a este novo dia, minha alma,
Este rubor mais baixo em mescla à areia negra?

As luzes turvam-se nas águas do que dorme.
Uma linguagem faz-se, que partilha o claro
Enxamear de estrelas pela espuma.
E é quase o despertar, lembrança já.

IX / Eaux du dormeur, arbre d'absence, heures sans rives, / Dans votre éternité une nuit va finir. /
Comment nommerons-nous cet autre jour, mon âme, / Ce plus bas rougeoiement mêlé de sable
noir? // Dans les eaux du dormeur les lumières se troublent. / Un langage se fait, qui partage le clair /
Buissonnement d'étoiles dans l'écume. / Et c'est presque l'éveil, déjà le souvenir.

UMA PEDRA

"Olha-me ali,
Naquele espaço em que transe de frio
Água rápida e negra..."

Eu convidava-te
Sob o arco de um tempestuoso espelho,
Que algo de um rubro em ti tomava, impartilhável,
E o inflamava "ali", no macaréu de morte.

UNE PIERRE / "Regarde-moi / Là-bas, dans cet espace que transit / Une eau rapide et noire..." // Je t'inventais / Sous l'arche d'un miroir orageux, qui prenait / La parcelle d'un rouge en toi, impartageable, / Et l'enflammait "là-bas", au mascaret de mort.

O JARDIM

Dossel de astros cobria os muros do jardim
Como os frutos da árvore além, mas as pedras
Do mortal sítio punham na espuma da árvore
Como sombra de vante e como uma lembrança.

Astros e vós, grés de um caminho puro,
Pálidos, nos tomáveis o vero jardim
Os caminhos do céu estrelado ensombravam
Esse náufrago canto; a nossa rota escura.

LE JARDIN / Les étoiles voûtaient les murs du haut jardin / Comme les fruits de l'arbre au-delà, mais les pierres / Du lieu mortel portaient dans l'écume de l'arbre / Comme une ombre d'étrave et comme un souvenir. // Étoiles et vous, craies d'un pur chemin, / Vous pâlissiez, vous nous preniez le vrai jardin, / Tous les chemins du ciel étoilé faisant ombre / Sur ce chant naufragé; sur notre route obscure.

Em seus cofres de sonho recolheu
Seus panos tintos, e a sombra
Desse rosto manchado
Da argila rubra dos mortos.

Tu não quiseste segurar
As mãos estreitas que fizeram
O sinal de solidão
Nas encostas ocres de um corpo.

E tal como água que se perde
Nos rubores de uma água escura,
A nuca próxima se curva
Sobre a praia onde brilha a morte.

Dans ses coffres le rêve a replié / Ses étoffes peintes, et l'ombre / De ce visage taché / De l'argile rouge des morts. // Tu n'as pas voulu retenir / Ces mains étroites qui firent / Le signe de solitude / Sur les pentes ocres d'un corps. // Et telle une eau qui se perd / Dans les rougeurs d'une eau sombre, / La nuque proche se courbe / Sur la plage où brille la mort.

A ESPUMA, O ARRECIFE

Solidão a não escalar, quantos caminhos!
Vestes vermelhas, horas tantas sob as árvores!
Adeus, nesta alva fria, minha água pura,
Adeus, mesmo apesar do grito, o ombro, o sono.

Escuta, nunca mais as mãos que se retomam
Como perpetuamente a espuma e o rochedo,
Nem mesmo aqueles olhos que buscam a sombra,
Amando antes o sono ainda partilhado.

Nunca mais se tentar unir voz e oração,
Noite e esperança, anseios do abismo e do porto.
Vê, não é Mozart que luta em tua alma,
Mas o gongo, contra a arma disforme da morte.

Adeus, semblante em maio.
O azul do céu é tíbio neste dia, aqui.
Do astro da indiferença o gládio fere ainda
Uma vez mais a terra do que está dormindo.

L'ÉCUME, LE RÉCIF / Solitude à ne pas gravir, que de chemins! / Robe rouge, que d'heures proches
sous les arbres! / Mais adieu, dans cette aube froide, mon eau pure, / Adieu malgré le cri, l'épaule,
le sommeil. // Écoute, il ne faut plus ces mains qui se reprennent / Comme éternellement l'écume et
le rocher, / Et même plus ces yeux qui se tournent vers l'ombre, / Aimant mieux le sommeil encore
partagé. // Il ne faut plus tenter d'unir voix et prière, / Espoir et nuit, désirs de l'abîme et du port. /
Vois, ce n'est pas Mozart qui lutte dans ton âme, / Mais le gong, contre l'arme informe de la mort. //
Adieu, visage en mai. / Le bleu du ciel est morne aujourd'hui, ici. / Le glaive de l'indifférence de
l'étoile / Blesse une fois de plus la terre du dormeur.

A LÂMPADA, O ADORMECIDO

I

Não sabia dormir sem ti, eu não ousava
Sem ti aventurar-me escadaria abaixo.
Mais tarde, descobri ser mesmo um outro sonho,
Essa terra em veredas que caem na morte.

Então te desejei à febril cabeceira
Do meu inexistir, de ser mais negro que
Tanta noite, e ao falar alto no mundo inútil,
Tinha-te nas veredas do tão vasto sono.

O deus premente em mim era essas praias
Que eu aclarava de óleo errante, e tu sabias
Noite após noite os passos do abismo a obcecar-me,
Noite após noite a alva, infindável amor.

LA LAMPE, LE DORMEUR // I / Je ne savais dormir sans toi, je n'osais pas / Risquer sans toi les
marches descendantes. / Plus tard, j'ai découvert que c'est un autre songe, / Cette terre aux chemins
qui tombent dans la mort. // Alors je t'ai voulue au chevet de ma fièvre / D'inexister, d'être plus noir
que tant de nuit, / Et quand je parlais haut dans le monde inutile, / Je t'avais sur les voies du trop vaste
sommeil. // Le dieu pressant en moi, c'étaient ces rives / Que j'éclairais de l'huile errante, et tu sauvais /
Nuit après nuit mes pas du gouffre qui m'obsède, / Nuit après nuit mon aube, inachevable amour.

II

— Debruçava-me em ti, vale de tantas pedras,
Escutava o rumor de teu grave repouso,
Vislumbrava na sombra, embaixo, que te cobre,
O lugar triste onde do sono alveja a espuma.

Escutava teu sonho. Ó monótona e surda,
E por vezes por rocha invisível quebrada,
Como se vai tua voz, abrindo entre suas sombras
A torrente de estreita espera murmurada!

No alto, nos jardins do esmalte, é bem verdade
Que um pavão ímpio se atribui luzes mortais.
Mas tu, a ti já basta a minha chama inquieta,
Tu habitas a noite de uma frase curva.

Quem és tu? Eu de ti só sei as lágrimas,
Na tua voz as pressas de rito interrupto.
Partilhas o obscuro no topo da mesa,
Quão nuas tuas mãos, ó sós iluminadas!

II / — Je me penchais sur toi, vallée de tant de pierres, / J'écoutais les rumeurs de ton grave repos, / J'apercevais très bas dans l'ombre qui te couvre / Le lieu triste où blanchit l'écume du sommeil. // Je t'écoutais rêver. O monotone et sourde, / Et parfois par un roc invisible brisée, / Comme ta voix s'en va, ouvrant parmi ses ombres / Le gave d'une étroite attente murmurée! // Là-haut, dans les jardins de l'émail, il est vrai / Qu'un paon impie s'accroît des lumières mortelles. / Mais toi il te suffit de ma flamme qui bouge, / Tu habites la nuit d'une phrase courbée. // Qui es-tu? Je ne sais de toi que les alarmes, / Les hâtes dans la voix d'un rite inachevé. / Tu partages l'obscur au sommet de la table, / Et que tes mains sont nues, ô seules éclairées!

Boca, terás bebido
Desse sabor escuro,
De uma água areada,
Do Ser que não tem volta.

Onde vão se reunir
A água salobra e a doce,
Terás bebido em brilho
O amor impartilhável.

Porém não te angusties,
Ó boca que procuras
Mais que reflexo turvo,
Mais que sombra de dia:

A alma se faz de amar
A espuma sem resposta.
Salva a alegria a alegria,
O amor o não-amor.

Bouche, tu auras bu / A la saveur obscure, / A une eau ensablée, / A l'Être sans retour. // Où vont se réunir / L'eau amère, l'eau douce, / Tu auras bu où brille / L'impartageable amour. // Mais ne t'angoisse pas, / O bouche qui demandes / Plus qu'un reflet troublé, / Plus qu'une ombre de jour: // L'âme se fait d'aimer / L'écume sans réponse. / La joie sauve la joie, / L'amour le non-amour.

UMA PEDRA

Dizia-me, Tu és uma água, a mais escura,
Mais fresca, onde provar o amor impartilhável.
Eu lhe retive o passo, mas entre outras pedras,
Nesse eterno beber do dia aquém de dia.

UNE PIERRE / Il me disait, Tu es une eau, la plus obscure, / La plus fraîche où goûter l'impartageable
amour. / J'ai retenu son pas, mais parmi d'autres pierres, / Dans le boire éternel du jour plus bas que jour.

PEDRA ESCRITA

Prestígio, assim dizias, da nossa lâmpada e folhagens,
Que hospedam nossas noites.
Arrastam até nós as barcas sobre as lajes,
Elas conhecem nossos desejos do eterno.

Plena a noite no céu a gritar o seu fogo,
Eles vieram, passo sem sombra, despertam-nos,
Sua palavra começa ao tremer nossas vozes.

Passo dos astros a medir o chão de lajes desta noite,
E eles mesclando a tanto fogo a escuridão própria do homem.

PIERRE ÉCRITE
Prestige, disais-tu, de notre lampe et des feuillages, / Ces hôtes de nos soir. / Ils tirent jusqu'à nous leurs barques sur les dalles, / Ils connaissent notre désir de l'éternel. // La nuit parfaite dans le ciel criant son feu, / Eux sont venus d'un pas sans ombre, ils nous éveillent, / Leur parole commence au tremblé de nos voix. // Le pas des astres mesurant le sol dallé de cette nuit, / Et eux mêlant à tant de feux l'obscurité propre de / l'homme.

UMA PEDRA

Desejava, sem saber,
E pereceu, sem ter.
Árvores, fumos,
Linhas todas de vento e decepção
Foram-lhe abrigo
Ao infinito
Só abraçou sua morte.

UNE PIERRE / Il désirait, sans connaître, / Il a péri, sans avoir. / Arbres, fumées, / Toutes lignes de vent et de déception / Furent son gîte. / Infiniment / Il n'a étreint que sa mort.

LUGAR DOS MORTOS

Qual é o lugar dos mortos,
Terão direito como nós a ter caminhos,
Acaso falam, com palavras mais reais,
Serão a alma das folhagens ou folhagens mais altas?

Fênix terá erguido para eles um castelo,
Posto para eles a mesa?
O grito de alguma ave no fogo de alguma árvore
Seria o espaço em que se juntam todos?

Jazem eles quem sabe na folha da hera,
Desfeita a sua palavra
Sendo o porto do rasgo das folhas, aonde a noite vem.

LE LIEU DES MORTS / Quel est le lieu des morts, / Ont-ils droit comme nous à des chemins, /
Parlent-ils, plus réels étant leurs mots, / Sont-ils l'esprit des feuillages ou des feuillages plus / hauts? //
Phénix a-t-il construit pour eux un château, / Dressé pour eux une table? / Le cri de quelque oiseau
dans le feu de quelque arbre / Est-il l'espace où ils se pressent tous? // Peut-être gisent-ils dans la
feuille du lierre, / Leur parole défaite / Étant le port de la déchirure des feuilles, où la nuit / vient.

UMA PEDRA

Fui bastante bela.
É possível que um dia como este me assemelhe.
Mas a urze supera o meu semblante,
A pedra oprime o meu corpo.

Chega-te a mim,
Escrava vertical raiada de negro,
E o teu semblante corre.

Derrama o leite tenebroso, que exalta
A minha força simples.
Sê-me fiel,
Sempre nutriz, mas de imortalidade.

UNE PIERRE / Je fus assez belle. / Il se peut qu'un jour comme celui-ci me ressemble. / Mais la ronce l'emporte sur mon visage, / La pierre accable mon corps. // Approche-toi, / Servante verticale rayée de noir, / Et ton visage court. // Répands le lait ténébreux, qui exalte / Ma force simple. / Sois-moi fidèle, / Nourrice encor, mais d'immortalité.

LUGAR DOS MORTOS

Lugar dos mortos
É a dobra quem sabe do pano vermelho.
Eles caem talvez
Em suas mãos pedrentas; talvez se agravem
Pelos tufos no mar de cor vermelha;
Teriam como espelho
O corpo gris da jovem cega; têm por fome
No gorjeio das aves as mãos de afogada.

Ou estão reunidos sob o sicômoro ou o bordo?
Ruído algum perturba já sua assembleia.
A deusa se mantém no topo da árvore,
Inclina para eles a jarra de ouro.

E às vezes brilha só o braço divino na árvore
E pássaros se calam, outros pássaros.

LE LIEU DES MORTS / Le lieu des morts, / C'est peut-être le pli de l'étoffe rouge. / Peut-être tombent-ils / Dans ses mains rocailleuses; s'aggravent-ils / Dans les touffes en mer de la couleur rouge; / Ont-ils comme miroir / Le corps gris de la jeune aveugle; ont-ils pour faim / Dans le chant des oiseaux ses mains de noyée. // Ou sont-ils réunis sous le sycomore ou l'érable? / Nul bruit ne trouble plus leur assemblée. / La déesse se tient au sommet de l'arbre, / Elle incline vers eux l'aiguière d'or. // Et seul parfois le bras divin brille dans l'arbre / Et des oiseaux se taisent, d'autres oiseaux.

UMA PEDRA

Dois anos, três,
Senti-me suficiente. Os astros,
Os rios, as florestas já não me igualavam.
A lua se escamava em meus vestidos cinza.
Meus olhos fundos
Iluminavam mares sob arcos de sombra,
E os meus cabelos eram amplos mais que o mundo
De olhos vencidos, gritos que não me atingiam.

Urram bestas da noite, é meu caminho,
Fecham-se portas negras.

UNE PIERRE / Deux ans, ou trois, / Je me sentis suffisante. Les astres, / Les fleuves, les forêts ne
m'égalaient pas. / La lune s'écaillait sur mes robes grises. / Mes yeux cernés / Illuminaient les mers
sous leurs voûtes d'ombre, / Et mes cheveux étaient plus amples que ce monde / Aux yeux vaincus,
aux cris qui ne m'atteignaient pas. // Des bêtes de nuit hurlent, c'est mon chemin, / Des portes noires
se ferment.

UMA PEDRA

Tua perna, noite densa,
Seios, ligados,
Tão negros, perdi eu meus olhos,
Meus nervos de atroz vista
Naquela escuridão mais áspera que a pedra,
Ó meu amor?

No âmago da luz, vou abolindo
A cabeça primeiro pelo gás gretada,
Depois meu nome e todos os países,
Minhas mãos só direitas ficam.

À frente do cortejo eu caí
Sem deus, sem voz audível, sem pecado,
Besta trinitária gritante.

UNE PIERRE / Ta jambe, nuit très dense, / Tes seins, liés, / Si noirs, ai-je perdu mes yeux. / Mes nerfs d'atroce vue / Dans cette obscurité plus âpre que la pierre, / O mon amour? // Au centre de la lumière, j'abolis / D'abord ma tête crevassée par le gaz, / Mon nom ensuite avec tous pays, / Mes mains seules droites persistent. // En tête du cortège je suis tombé / Sans dieu, sans voix audible, sans péché, / Bête trinitaire criante.

UMA PEDRA

Cai, mas suave chuva, sobre o rosto.
Apaga, mas bem lenta, a pobre lamparina.

UNE PIERRE / Tombe, mais douce pluie, sur le visage. / Éteins, mais lentement, le très pauvre chaleil.

JOÃO E JOANA

Tu perguntas o nome
Daquela casa baixa depredada,
É João, é Joana em outra terra.

Quando os vendavais passam
A soleira onde nada canta ou surge.

É João, é Joana e de seus rostos cinza
Cai o gesso do dia e eu revejo
Essa vidraça de verões antigos. Lembras?
A mais brilhante ao longe, o arco filho das sombras.

Hoje, esta noite, nós faremos fogo
Na sala grande.
Nós nos afastaremos,
Deixando que ele viva para os mortos.

JEAN ET JEANNE / Tu demandes le nom / De cette maison basse délabrée, / C'est Jean et Jeanne en un autre pays. // Quand les larges vents passent / Le seuil où rien ne chante ni paraît. // C'est Jean et Jeanne et de leurs faces grises / Le plâtre du jour tombe et je revois / La vitre des étés anciens. Te souviens-tu? / La plus brillante au loin, l'arche fille des ombres. // Aujourd'hui, ce soir, nous ferons un feu / Dans la grande salle. / Nous nous éloignerons, / Nous le laisserons vivre pour les morts.

UMA PEDRA

Aglaura levantou-se
Dentre as folhas mortas.
Sua febril cintura reformou-se
Sob mãos diligentes.
Sua nuca vergou sob o calor dos lábios.
Veio a noite, e cobriu-lhe a face devastada
E os soluços esparsos no leito de argila.

UNE PIERRE / Aglaure s'est dressée / Dans les feuilles mortes / Sa taille enfiévrée s'est reformée / Sous des mains diligentes. / Sa nuque s'est ployée sous la chaleur des lèvres. / La nuit vint, qui couvrit sa face dévastée / Et ses sanglots épars dans le lit de la glaise.

UMA PEDRA

Longa a infância se fez no muro escuro e fui
A consciência de inverno; que pendeu
Sombria, fortemente, numa imagem,
Amargamente, no reflexo de outro dia.

Não desejando nada
Além de contribuir a mesclar duas luzes,
Ó memória, fui eu
No seu barco de vidro esse óleo diurno
Gritando a alma vermelha ao céu das longas chuvas.

Que amores terei tido? Essa espuma do mar
Acima de Trieste, quando o cinza
Do mar de Trieste os olhos ofuscava
Da esfinge lacerável dessas praias.

UNE PIERRE / Longtemps dura l'enfance au mur sombre et je fus / La conscience d'hiver; qui se
pencha / Tristement, fortement, sur une image, / Amèrement, sur le reflet d'un autre jour. // N'ayant
rien désiré / Plus que de contribuer à mêler deux lumières, / O mémoire, je fus / Dans son vaisseau de
verre l'huile diurne / Criant son âme rouge au ciel des longues pluies. // Qu'aurai-je aimé? L'écume
de la mer / Au-dessus de Trieste, quand le gris / De la mer de Trieste éblouissait / Les yeux du sphinx
déchirable des rives.

UMA PEDRA

Temporais temporais apenas fui
Um caminho da terra.
E as chuvas aplacavam a implacável terra,
Morrer dispôs o leito da noite em meu peito.

UNE PIERRE / Orages puis orages je ne fus / Qu'un chemin de la terre. / Mais les pluies apaisaient l'inapaisable terre, / Mourir a fait le lit de la nuit dans mon cœur.

UMA PEDRA

O livro de Porfírio sobre o sol,
Olha-o como um montão de pedras negras.
Li muito tempo o livro de Porfírio,
Eu cheguei ao lugar de nenhum sol.

UNE PIERRE / Le livre de Porphyre sur le soleil, / Regarde-le tel qu'un amas de pierres noires. / J'ai
lu longtemps le livre de Porphyre, / Je suis venu au lieu de nul soleil.

UMA PEDRA

Ó dita a meia voz por entre os ramos,
Ó murmurada, ó silenciada,
Portadora de eterno, lua, entreabre as grades
E inclina-te por nós que não temos mais luz.

UNE PIERRE / O dite à demi-voix parmi les branches, / O murmurée, ô tue, / Porteuse d'éternel, lune,
entrouvre les grilles / Et penche-toi pour nous qui n'avons plus de jour.

A face mais sombria gritou
Que está próximo o dia.
Em vão o buxo se fechou
Sobre o velho jardim.

Este povo também tem sua queixa,
Essa ausência, sua esperança.
Mas a lua se encobre e a sombra
Enche a boca dos mortos.

La face la plus sombre a crié / Que le jour est proche. / En vain le buis s'est-il resserré / Sur le vieux jardin. // Ce peuple aussi a sa plainte, / Cette absence, son espoir. / Mais la lune se couvre et l'ombre / Emplit la bouche des morts.

SOBRE UM EROS DE BRONZE

Envelhecias nas pregas
Da monotonia divina.
Quem veio, com uma lâmpada,
Purpurar-te o horizonte nu?

A criança sem pressa ou bulha
Te descobriu um caminho.
– Não é que essa noite antiga
Em ti não mais se angustie.

A mesma criança voando
Baixo em trevas das arcadas
O coração pegou e o leva
Nas folhagens ignoradas.

SUR UN ÉROS DE BRONZE / Tu vieillissais dans les plis / De la grisaille divine. / Qui est venu, d'une lampe, / Empourprer ton horizon nu? // L'enfant sans hâte ni bruit / T'a découvert une route. / — Ce n'est pas que l'antique nuit / En toi ne s'angoisse plus. // Le même enfant volant bas / Dans la ténèbre des voûtes / A saisi ce cœur et l'emporte / Dans le feuillage inconnu.

UMA VOZ

Envelhecíamos, ele o folhame e eu a fonte,
Ele o pouco de sol e eu a profundeza,
E ele a morte e eu o saber de viver.

Aceitava que o tempo à sombra nos mostrasse
O seu rosto de fauno a rir sem zombaria,
Amava que ventasse o vento que traz sombra

E que morrer não fosse numa escura fonte
Mais que turvar a água sem fundo que bebia
A hera. Eu amava, estava em pé no sonho eterno.

UNE VOIX / Nous vieillissions, lui le feuillage et moi la source, / Lui le peu de soleil et moi la profondeur, / Et lui la mort et moi la sagesse de vivre. // J'acceptais que le temps nous présentât dans l'ombre / Son visage de faune au rire non moqueur, / J'aimais que se levât le vent qui porte l'ombre // Et que mourir ne fût en obscure fontaine / Que troubler l'eau sans fond que le lierre buvait. / J'aimais, j'étais debout dans le songe éternel.

UM FOGO NOS PRECEDE

O QUARTO

O espelho e o rio em cheia, esta manhã,
Chamavam-se através do quarto, duas luzes
Encontram-se e unem-se na escuridão
Dos móveis desse quarto descoberto.

E dois países éramos de sono
A se comunicar por seus degraus de pedra
Onde ia se perder a água não turva
De um sonho, sempre a reformar-se, a se quebrar.

A mão pura dormia junto à mão zelosa.
Um corpo às vezes se movia no seu sonho,
E além, na água mais negra de uma mesa,
Dormia iluminante o vestido vermelho.

UN FEU VA DEVANT NOUS
LA CHAMBRE / Le miroir et le fleuve en crue, ce matin, / S'appelaient à travers la chambre, deux lumières / Se trouvent et s'unissent dans l'obscur / Des meubles de la chambre descellée. // Et nous étions deux pays de sommeil / Communiquant par leurs marches de pierre / Où se perdait l'eau non trouble d'un rêve / Toujours se reformant, toujours brisé. // La main pure dormait près de la main soucieuse. / Un corps un peu parfois dans son rêve bougeait. / Et loin, sur l'eau plus noire d'une table, / La robe rouge éclairante dormait.

OS OMBROS

Teus ombros sejam a alva, tendo carregado
Todo o dilacerar-me escuro pela noite
E essa espuma toda amarga das imagens,
Todo esse alto rubor de impossível verão.

Teu corpo arca por nós sua hora respirante
Qual mais claro país pendido em nossa sombra.
— Longo seja esse dia em que flui, rebrilhante,
A água de um sonho irrevelado, afluxo rápido.

Ó no rumorejar da folhagem da árvore
Caia a máscara de olhos cerrados do sonho!
Eu ouço já subir rumor de outra torrente
Que se acalma, ou se perde, em nossa eternidade.

L'ÉPAULE / Ton épaule soit l'aube, ayant porté / Tout mon obscur déchirement de nuit / Et toute cette écume amère des images, / Tout ce haut rougeoiement d'un impossible été. // Ton corps voûte pour nous son heure respirante / Comme un pays plus clair sur nos ombres penché / — Longue soit la journée où glisse, miroitante, / L'eau d'un rêve à l'affux rapide, irrévélé. // O dans le bruissement du feuillage de l'arbre / Soit le masque aux yeux clos du rêve déposé! / J'entends déjà grandir le bruit d'un autre gave / Qui s'apaise, ou se perd, dans notre éternité.

A ÁRVORE, A LÂMPADA

A árvore na árvore envelhece, é verão.
A ave passa o canto da ave que se evade.
O rubro do vestido ilumina e dispersa
Longe, no céu, o carrejar de antiga dor.

Ó tão frágil país,
Como a chama de lâmpada que se carrega,
Próximo estando o sono na seiva do mundo,
Simples o batimento da alma partilhada.

Também tu amas o instante em que a luz da lâmpada
Se descolore e sonha dia adentro.
Sabes que é o escuro do teu peito que cura,
A barca que atingindo a praia tomba.

L'ARBRE, LA LAMPE / L'arbre vieillit dans l'arbre, c'est l'été / L'oiseau franchit le chant de l'oiseau et s'évade. / Le rouge de la robe illumine et disperse / Loin, au ciel, le charroi de l'antique douleur. // O fragile pays, / Comme la flamme d'une lampe que l'on porte, / Proche étant le sommeil dans la sève du monde, / Simple le battement de l'âme partagée. // Toi aussi tu aimes l'instant où la lumière des lampes / Se décolore et rêve dans le jour. / Tu sais que c'est l'obscur de ton coeur qui guérit, / La barque qui rejoint le rivage et tombe.

OS CAMINHOS

Caminhos, entre
A matéria das árvores. Deuses, por entre
Os tufos desse canto incansável de pássaros.
E todo o sangue arcado sob mão sonhadora,
Ó próximo, ó meu dia todo.

Quem recolheu o ferro
Enferrujado, entre altos matos, não esquece
Que aos grumos do metal a luz pode prender
E consumir o sal da dúvida e da morte.

LES CHEMINS / Chemins, parmi / La matière des arbres. Dieux, parmi / Les touffes de ce chant inlassable d'oiseaux. / Et tout ton sang voûté sous une main rêveuse, / O proche, ô tout mon jour. // Qui ramassa le fer / Rouillé, parmi les hautes herbes, n'oublie plus / Qu'aux grumeaux du métal la lumière peut prendre / Et consumer le sel du doute et de la mort.

A MURTA

Por vezes te sabia a terra, eu bebia
Em teus lábios a angústia das nascentes
Quando brota das pedras quentes, e o verão
Dominava alto a pedra airosa e quem bebia.

Por vezes te dizia de murta e queimávamos
A árvore de teus gestos todos todo um dia.
Eram fogaréus breves de uma luz vestal,
Assim eu te inventava em teus cabelos claros.

Todo um nulo verão secara-nos os sonhos,
Tolhera a voz, inchara os corpos, quebrara os ferros.
Por vezes ia rodando o leito, barca livre
Que ganha lentamente o mais alto do mar.

LE MYRTE / Parfois je te savais la terre, je buvais / Sur tes lèvres l'angoisse des fontaines / Quand elle sourd des pierres chaudes, et l'été / Dominait haut la pierre heureuse et le buveur. // Parfois je te disais de myrte et nous brûlions / L'arbre de tous tes gestes tout un jour. / C'étaient de grands feux brefs de lumière vestale, / Ainsi je t'inventais parmi tes cheveux clairs. // Tout un grand été nul avait séché nos rêves, / Rouillé nos voix, accru nos corps, défait nos fers. / Parfois le lit tournait comme une barque libre / Qui gagne lentement le plus haut de la mer.

O SANGUE, A NOTA SI

Longas, longas jornadas,
O sangue insaciado fere o sangue.
O nadador é cego.
Ele desce em púrpuras etapas nas batidas do teu coração.

Quando a nuca está tensa
Grito sempre deserto toma a boca pura.

Envelhece o verão assim. Assim a morte
Cerca a felicidade da chama a mover-se.
E dormimos um pouco. A nota si
Ressoa muito tempo no pano vermelho.

LE SANG, LA NOTE SI / Longues, longues journées. / Le sang inapaisé heurte le sang. / Le nageur est aveugle. / Il descend par étages pourpres dans le battement de ton / cœur. // Quand la nuque se tend / Le cri toujours désert prend une bouche pure. // Ainsi vieillit l'été. Ainsi la mort / Encercle le bonheur de la flamme qui bouge. / Et nous dormons un peu. La note si / Résonne très longtemps dans l'étoffe rouge.

A ABELHA, A COR

Cinco horas.
O sono é leve, em manchas na vidraça.
O dia vai buscar na cor a água fresca,
Cascateante, da noite.

E é como se a água se simplificasse
Sendo luz ainda mais, que tranquiliza,
Mas, o Um rasgando-se na perna escura, vais
Perder-te onde bebeu a boca na acre morte.

(A cornucópia com o fruto rubro
Ao sol que vai girando. E o barulho todo
De abelhas dessa impura e doce eternidade
No tão próximo prado ainda tão ardente).

L'ABEILLE, LA COULEUR / Cinq heures. / Le sommeil est léger, en taches sur les vitres. / Le jour
puise là-bas dans la couleur l'eau fraîche, / Ruisselante, du soir. // Et c'est comme si l'âme se simplifie /
Étant lumière davantage, et qui rassure, / Mais, l'Un se déchirant contre la jambe obscure, / Tu te perds,
où la bouche a bu à l'âcre mort. // (La corne d'abondance avec le fruit / Rouge dans le soleil qui tourne.
Et tout ce bruit / D'abeilles de l'impure et douce éternité / Sur le si proche pré si brûlant encore).

O ENTARDECER

Riscas azuis e negras.
Uma lavra que vai rumo aos baixos do céu.
O leito, amplo e fendido como o rio em cheia.
— Vê, já caiu a noite.
E o fogo fala junto a nós na eternidade da sálvia.

LE SOIR / Rayures bleues et noires. / Un labour qui dévie vers le bas du ciel. / Le lit, vaste et brisé comme le fleuve en crue. / — Vois, c'est déjà le soir, / Et le feu parle auprès de nous dans l'éternité de la / sauge.

A LUZ DO ENTARDECER

A tarde,
Pássaros que se falam, imprecisos,
Que se mordiscam, luz.
A mão que se moveu sobre o flanco deserto.

Nós estamos imóveis há já tempo.
Falamos baixo.
E o tempo fica em volta a nós tal como poças coloridas.

LA LUMIÈRE DU SOIR / Le soir, / Ces oiseaux qui se parlent, indéfinis, / Qui se mordent, lumière. /
La main qui a bougé sur le flanc désert. // Nous sommes immobiles depuis longtemps. / Nous parlons
bas. / Et le temps reste autour de nous comme des flaques de couleur.

A PACIÊNCIA, O CÉU

De que precisas, voz que retomas, junto ao solo como a seiva
Da oliveira a que o outro inverno congelou?
Tempo divino que é preciso para encher o vaso,
Sim, só amar o tempo árido e de luz pleno.

A paciência para fazer viver um fogo sob um céu rápido,
A espera individida por um vinho negro,
A hora de arcos abertos quando o vento
Tem sombras a ferir tuas mãos pensativas.

LA PATIENCE, LE CIEL / Que te faut-il, voix qui reprends, proche du sol comme la sève / De l'olivier que glaça l'autre hiver? / Le temps divin qu'il faut pour emplir ce vase, / Oui, rien qu'aimer ce temps désert et plein de jour. // La patience pour faire vivre un feu sous un ciel rapide, / L'attente indivisée pour un vin noir, / L'heure aux arches ouvertes quand le vent / A des ombres qui rouent sur tes mains pensives.

UMA VOZ

Quão simples, oh nós fomos, entre esses ramos,
Inexistentes, caminhando a passo igual,
Sombra amando uma sombra, e o espaço dos ramos
Sem gritar sob o peso de sombras, sem mover-se.

Convertera-te aos sonos sem alarme, aos passos
Sem dia seguinte, aos dias sem porvir,
Aos mochos nas touceiras quando cai a noite,
A fitar-nos com olhos de terra sem volta.

A meu silêncio; a angústias minhas sem tristeza
Em que o gosto do tempo a maturar buscavas.
A grandes e fechadas sendas onde ia
Beber o astro imóvel de amar, tomar, morrer.

UNE VOIX / Combien simples, oh fûmes-nous, parmi ces branches, / Inexistants, allant du même
pas, / Une ombre aimant une ombre, et l'espace des branches / Ne criant pas du poids d'ombres, ne
bougeant pas. // Je t'avais converti aux sommeils sans alarmes, / Aux pas sans lendemains, aux jours
sans devenir, / A l'effraie aux buissons quand la nuit claire tombe, / Tournant vers nous ses yeux de terre
sans retour. // A mon silence; à mes angoisses sans tristesse / Où tu cherchais le goût du temps qui va
mûrir. / A de grands chemins clos, où venait boire l'astre / Immobile d'aimer, de prendre et de mourir.

UMA PEDRA

Um fogo nos precede.
Por instantes diviso-te a nuca, o semblante,
Agora, a tocha apenas,
Só o fogo maciço,
Só o fogo maciço, o macaréu dos mortos.

Cinza que te separas dessa chama
Dentro da luz da noite,
Ó presença,
Acolhe-nos sob o arco teu furtivo
Para uma festa obscura.

UNE PIERRE / Un feu va devant nous. / J'aperçois par instants ta nuque, ton visage, / Puis, rien que le flambeau, / Rien que le feu massif, le mascaret des morts. // Cendre qui te détaches de la flamme / Dans la lumière du soir, / O présence, / Sous ta voûte furtive accueille-nous / Pour une fête obscure.

A LUZ, MUDADA

Já não nos vemos mais dentro da mesma luz,
Não temos mais os mesmos olhos, mesmas mãos.
A árvore está mais perto e a voz das fontes mais
Viva, mais fundos nossos passos entre os mortos.

Deus que não és, põe tua mão em nossos ombros,
Com o peso de tua volta esboça nosso corpo,
Acaba de fundir-nos a alma a esses astros,
Bosques, gritos de pássaros, sombras e dias.

Renuncia-te em nós qual fruto que se fende,
Apaga-nos em ti. A nós descobre
O mistério daquilo que é somente simples
E caíra sem fogo em falas sem amor.

LA LUMIÈRE, CHANGÉE / Nous ne nous voyons plus dans la même lumière, / Nous n'avons plus les mêmes yeux, les mêmes mains. / L'arbre est plus proche et la voix des sources plus vive, / Nos pas sont plus profonds, parmi les morts. // Dieu qui n'es pas, pose ta main sur notre épaule, / Ébauche notre corps du poids de ton retour, / Achève de mêler à nos âmes ces astres, / Ces bois, ces cris d'oiseaux, ces ombres et ces jours. // Renonce-toi en nous comme un fruit se déchire, / Efface-nous en toi. Découvre-nous / Le sens mystérieux de ce qui n'est que simple / Et fût tombé sans feu dans des mots sans amour.

UMA PEDRA

O dia lá no fundo do dia irá salvar
A pouca de palavras que nós fomos juntos?
Por mim, amei demais os dias confiantes, velo
No lar de nossos peitos sobre extintas palavras.

UNE PIERRE / Le jour au fond du jour sauvera-t-il / Le peu de mots que nous fûmes ensemble? / Pour moi, j'ai tant aimé ces jours confiants, je veille / Sur quelques mots éteints dans l'âtre de nos cœurs.

UMA PEDRA

Por esses prados íamos
Onde às vezes um deus surgia de uma árvore
(E era a nossa prova, já noitinha).

Sem bulha eu vos levava,
Sentia o vosso peso em minhas mãos cismantes,
Vós, palavras obscuras,
Barreiras ao través dos caminhos da noite.

UNE PIERRE / Nous prenions par ces prés / Où parfois tout un dieu se détachait d'un arbre / (Et c'était notre preuve, vers le soir). // Je vous poussais sans bruit, / Je sentais votre poids contre nos mains pensives, / O vous, mes mots obscurs, / Barrières au travers des chemins du soir.

O CORAÇÃO, A ÁGUA NÃO TURVADA

Estás alegre ou triste?
— Jamais eu soube, exceto
Que nada mesmo pesa
No coração sem volta.

Nenhum passo de ave
Sobre o teto de vidro
Do coração vazado
De jardins e de sombra.

Um cuidado de ti
Que bebeu minha vida
Mas naquela folhagem
Recordação nenhuma.

Eu sou a hora simples
E a água não turvada.
Acaso soube amar-te
Não sabendo morrer?

LE COEUR, L'EAU NON TROUBLÉE / Es-tu gaie ou triste? / — Ai-je su jamais, / Sauf que rien ne
pèse / Au cœur sans retour. // Aucun pas d'oiseau / Sur cette verrière / Du cœur traversé / De jardins
et d'ombre. // Un souci de toi / Qui a bu ma vie / Mais dans ce feuillage / Aucun souvenir. // Je suis
l'heure simple / Et l'eau non troublée. / Ai-je su t'aimer, / Ne sachant mourir?

A FALA DA NOITE

O país do princípio de outubro só tinha
Frutas a se rasgar no chão, seus passarinhos
Chegavam a soltar gritos de ausência e pedra
No alto flanco curvado vindo rumo a nós.

Minha fala da noite,
Como uva de um outono tardio tens frio,
Mas o vinho já queima em tua alma e eu encontro
Meu só real calor: teu verbo fundador.

A nave de um findar de outubro, claro, pode
Vir. Saberemos misturar as duas luzes,
Ó minha nave iluminada em mar errante,

Clarão de noite perto e clarão de palavra,
— Bruma que subirá de toda coisa viva
E tu, meu rubescer de lâmpada na morte.

LA PAROLE DU SOIR / Le pays du début d'octobre n'avait fruit / Qui ne se déchirât dans l'herbe,
et ses oiseaux / En venaient à des cris d'absence et de rocaille / Sur un haut flanc courbé qui se hâtait
vers nous. // Ma parole du soir, / Comme un raisin d'arrière-automne tu as froid, / Mais le vin déjà
brûle en ton âme et je trouve / Ma seule chaleur vraie dans tes mots fondateurs. // Le vaisseau d'un
achèvement d'octobre, clair, / Peut venir. Nous saurons mêler ces deux lumières, / O mon vaisseau
illuminé errant en mer, // Clarté de proche nuit et clarté de parole, / — Brume qui montera de toute
chose vive / Et toi, mon rougeoiement de lampe dans la mort.

"ANDIAM, COMPAGNE BELLE..."

Don Giovanni, I, 3.

As lâmpadas da noite finda, entre a folhagem,
Queimam acaso ainda, e em que país?
É noite, a árvore se agrava, sobre a porta.
A estrela precedeu o frágil fogo mortal.

Andiam, compagne belle, astros, moradas,
Rio mais brilhante com a noite. Ouço cair
Sobre vós, que uma música leva, a espuma onde
Inencontrável pulsa o coração dos mortos.

"ANDIAM, COMPAGNE BELLE..." / *Don Giovanni,* I, 3. / Les lampes de la nuit passée, dans le feuillage, / Brûlent-elles encor, et dans quel pays? / C'est le soir, où l'arbre s'aggrave, sur la porte. / L'étoile a précédé le frêle feu mortel. // *Andiam, compagne belle,* astres, demeures, / Rivière plus brillante avec le soir. / J'entends tomber sur vous, qu'une musique emporte, / L'écume où bat le cœur introuvable des morts.

O LIVRO, PARA ENVELHECER

Estrelas transumantes; e o pastor arcando
De terrestre ventura; e tanta paz
Como o grito de inseto, irregular,
Que um deus pobre modela. Esse silêncio
De teu livro subiu-te ao coração.
Mexe-se um vento sem ruído nos ruídos
Do mundo. Sorri o tempo ao longe, de cessar
De ser. Simples no horto são os frutos maduros.

Tu envelhecerás
E, descorando-te da cor das árvores,
Fazendo sombra mais lenta na parede,
Estando, e de alma enfim, a terra ameaçada,
Retomarás o livro à página deixada,
Dirás, Eram as últimas palavras obscuras.

LE LIVRE, POUR VIEILLIR / Étoiles transhumantes; et le berger / Voûté sur le bonheur terrestre; et tant de paix / Comme ce cri d'insecte, irrégulier, / Qu'un dieu pauvre façonne. Le silence / Est monté de ton livre vers ton cœur. / Un vent bouge sans bruit dans les bruits du monde. / Le temps sourit au loin, de cesser d'être. / Simples dans le verger sont les fruits mûrs. // Tu vieilliras / Et, te décolorant dans la couleur des arbres, / Faisant ombre plus lente sur le mur, / Étant, et d'âme enfin, la terre menacée, / Tu reprendras le livre à la page laissée, / Tu diras, C'étaient donc les derniers mots obscurs.

O DIÁLOGO DE ANGÚSTIA E DE DESEJO

I

Imagino por vezes, acima de mim,
Um rosto sacrificial, cujos raios
São assim como um campo de terra lavrada.
São os lábios e olhos sorridentes.
A fronte é triste, há um marulhar surdo e maçante.
Digo-lhe: Sê a minha força, e a luz aumenta,
Domina ele um país de guerra, é madrugada,
E todo um rio que assegura por meandros
Essa terra tomada feita fértil.

E admira-me então que tenha sido
Preciso o tempo e a pena. Pois os frutos
Reinavam já na árvore. E o sol
Iluminava já o país da noite.
Eu olho esse planalto onde posso viver,
Essa mão que segura uma outra mão rochosa,
Essa respiração de ausência que levanta
As massas de um labor de outono inacabado.

LE DIALOGUE D'ANGOISSE ET DE DÉSIR
I / J'imagine souvent, au-dessus de moi, / Un visage sacrificiel, dont les rayons / Sont comme un champ de terre labourée. / Les lèvres et les yeux sont souriants, / Le front est morne, un bruit de mer lassant et sourd. / Je lui dis: Sois ma force, et sa lumière augmente, / Il domine un pays de guerre au petit jour / Et tout un fleuve qui rassure par méandres / Cette terre saisie fertilisée. // Et je m'étonne alors qu'il ait fallu / Ce temps, et cette peine. Car les fruits / Régnaient déjà dans l'arbre. Et le soleil / Illuminait déjà le pays du soir. / Je regarde les hauts plateaux où je puis vivre, / Cette main qui retient une autre main rocheuse, / Cette respiration d'absence qui soulève / Les masses d'un labour d'automne inachevé.

II

E eu penso em Corê a ausente; que tomou
Nas mãos o coração negro faiscante das flores
E que caiu, bebendo o negro, a irrevelada,
Sobre o campo de luz, e sombra. Compreendo
Aquela culpa, a morte. Asfódelos, jasmins
São do nosso país. Rias de água
Rasa e límpida e verde ali fazem fremer
Do coração do mundo a sombra... Ah, toma, sim.
É-nos perdoada a culpa dessa flor cortada,
Toda a alma a um dizer simples se dobra,
Perdem-se o enfado e o cinza no fruto maduro.

O ferro das palavras de guerra dissipa-se
Na matéria feliz e sem retorno.

II / Et je pense à Coré l'absente; qui a pris / Dans ses mains le cœur noir étincelant des fleurs / Et qui
tomba, buvant le noir, l'irrévélée, / Sur le pré de lumière — et d'ombre. Je comprends / Cette faute,
la mort. Asphodèles, jasmins / Sont de notre pays. Des rives d'eau / Peu profonde et limpide et verte
y font frémir / L'ombre du cœur du monde... Mais oui, prends. / La faute de la fleur coupée nous est
remise, / Toute l'âme se voûte autour d'un dire simple, / La grisaille se perd dans le fruit mûr. // Le
fer des mots de guerre se dissipe / Dans l'heureuse matière sans retour.

III

Sim, é bem isso.
Uma alucinação nas palavras antigas.
O sobrepor-se
De toda a nossa vida ao longe como um mar
Feliz, por arma de água viva elucidado.

Nós já não precisamos
De imagens lancinantes para amar.
Essa árvore nos basta, que, por luz,
Desliga-se de si e já não sabe mais
Que o nome quase dito de um deus quase encarnado.

E todo o alto país que o Um tão perto queima,

E o reboco de um muro que o tempo corrói,
Simples, mãos sem tristeza, e que mediram.

III / Oui, c'est cela. / Un éblouissement dans les mots anciens. / L'étagement / De toute notre vie au loin comme une mer / Heureuse, élucidée par une arme d'eau vive. // Nous n'avons plus besoin / D'images déchirantes pour aimer. / Cet arbre nous suffit là-bas, qui, par lumière, / Se délie de soi-même et ne sait plus / Que le nom presque dit d'un dieu presque incarné. // Et tout ce haut pays que l'Un très proche brûle, // Et ce crépi d'un mur que le temps simple touche / De ses mains sans tristesse, et qui ont mesuré.

IV

E tu,
E é esse o meu orgulho,
Menos a contraluz, mais bem amada,
Que já não me és estranha. Nós crescemos, eu bem sei,
Nesses mesmos jardins escuros. Nós bebemos
A mesma água difícil sob as árvores.
O mesmo anjo severo ameaçou-te.

E são os mesmos nossos passos, despegando-se
Das urzes de uma infância esquecível, das mesmas
Imprecações impuras.

IV / Et toi, / Et c'est là mon orgueil, / O moins à contre-jour, ô mieux aimée, / Qui ne m'es plus étrangère.
Nous avons grandi, je le sais, / Dans les mêmes jardins obscurs. Nous avons bu / La même eau difficile
sous les arbres. / Le même ange sévère t'a menacée. // Et nos pas sont les mêmes, se déprenant / Des
ronces de l'enfance oubliable et des mêmes / Imprécations impures.

V

Imagine uma noite
Em que a luz se atarde sobre a terra,
Abrindo as mãos de tempestade e dadivosas,
Cuja palma nos é lugar de angústia e anseio.
Imagine que a luz se torne vítima
Por salvar um lugar mortal e sob um deus
Por certo negro e longe. A tarde foi
Purpúrea e de simplicidade. Imaginar
Rasgou-se ali no espelho, para nós
Voltando a face sorridente em prata clara.
E um pouco envelhecemos. E a felicidade
Madurou em ausentes ramos frutas claras.
É um país mais próximo, minha água pura?
As sendas aonde vais por ingratas palavras
Vão por praia morada tua para sempre
"Ao longe" pegar música, "à noite" desfechar-se?

V / Imagine qu'un soir / La lumière s'attarde sur la terre, / Ouvrant ses mains d'orage et donatrices, dont / La paume est notre lieu et d'angoisse et d'espoir. / Imagine que la lumière soit victime / Pour le salut d'un lieu mortel et sous un dieu / Certes distant et noir. L'après-midi / A été pourpre et d'un trait simple. Imaginer / S'est déchiré dans le miroir, tournant vers nous / Sa face souriante d'argent clair. / Et nous avons vieilli un peu. Et le bonheur / A mûri ses fruits clairs en d'absentes ramures. / Est-ce là un pays plus proche, mon eau pure? / Ces chemins que tu vas dans d'ingrates paroles / Vont-ils sur une rive à jamais ta demeure / "Au loin" prendre musique, "au soir" se dénouer?

VI

Ó com tua asa de terra e de sombra desperta-nos,
Anjo vasto como a terra, e vem trazer-nos
Aqui, ao mesmo lugar desta terra mortal,
Para um começo. Sejam os antigos frutos
A nossa fome e sede enfim calmadas. Seja
O fogo nosso fogo. E a espera se transmude
Neste futuro perto, esta hora, esta estadia.

O ferro, trigo absoluto,
Brotado no pousio de nossos gestos,
De nossas maldições, nossas mãos puras,
Caído em grãos que acolheram o ouro
De um tempo, como o círculo dos astros
Próximos, e benevolente e nulo.

Aqui, aonde vamos,
Onde aprendemos a universal linguagem,

Abre-te, fala-nos, lacera-te,
Coroa incendiada, batimento claro,
Âmbar do coração solar.

VI / O de ton aile de terre et d'ombre éveille-nous, / Ange vaste comme la terre, et porte-nous / Ici, au même endroit de la terre mortelle, / Pour un commencement. Les fruits anciens / Soient notre faim et notre soif enfin calmées. / Le feu soit notre feu. Et l'attente se change / En ce proche destin, cette heure, ce séjour. // Le fer, blé absolu, / Ayant germé dans la jachère de nos gestes, / De nos malédictions, de nos mains pures, / Étant tombé en grains qui ont accueilli l'or / D'un temps, comme le cercle des astres proches, / Et bienveillant et nul, // Ici, où nous allons, / Où nous avons appris l'universel langage, // Ouvre-toi, parle-nous, déchire-toi, / Couronne incendiée, battement clair, / Ambre du cœur solaire.

SOBRE UMA PIETÁ DE TINTORETTO

Nunca uma dor
Teve mais elegância nessas grades
Negras, e devoradas pelo sol. Nem nunca
Elegância foi causa mais espiritual,
Um fogo duplo, em pé sobre as grades da noite.

Aqui,
Uma grande esperança foi pintor. Que é
Mais real: o amargor desejante ou a imagem
Pintada? O desejo rasgou o véu da imagem,
A imagem deu vida ao exangue desejo.

SUR UNE PIETÀ DE TINTORET / Jamais douleur / Ne fut plus élégante dans ces grilles / Noires, que dévora le soleil. Et jamais / Élégance ne fut cause plus spirituelle, / Un feu double, debout sur les grilles du soir. // Ici, / Un grand espoir fut peintre. Oh, qui est plus réel / Du chagrin désirant ou de l'image peinte? / Le désir déchira le voile de l'image, / L'image donna vie à l'exsangue désir.

UMA VOZ

Tu que dizem beberes da água quase ausente,
Lembra-te de que ela nos escapa e fala-nos.
A frustrante teria, enfim cativa,
Outro gosto que o da água mortal e serás
O iluminado de palavra obscura
Bebida nessa fonte e sempre viva,
Ou a água é sombra só, em que teu rosto
Reflete apenas sua finitude?
— Eu nada sei, eu já não sou, o tempo acaba
Como a cheia de um sonho aos deuses ocultados,
E tua voz, também como uma água, apaga-se
Dessa linguagem clara e que me consumiu.
Sim, posso aqui viver. O anjo, que é a terra,
Vai em cada touceira surgir e queimar.
Sou esse altar vazio, e esse abismo, e esses arcos
E tu mesmo talvez, e a dúvida: mais a alva
E o refulgir das pedras descobertas.

UNE VOIX / Toi que l'on dit qui bois de cette eau presque absente, / Souviens-toi qu'elle nous échappe et parle-nous. / La décevante est-elle, enfin saisie, / D'un autre goût que l'eau mortelle et seras-tu / L'illuminé d'une obscure parole / Bue à cette fontaine et toujours vive, / Ou l'eau n'est-elle qu'ombre, où ton visage / Ne fait que réfléchir sa finitude? / — Je ne sais pas, je ne suis plus, le temps s'achève / Comme la crue d'un rêve aux dieux irrévélés, / Et ta voix, comme une eau elle-même, s'efface / De ce langage clair et qui m'a consumé. / Oui, je puis vivre ici. L'ange, qui est la terre, / Va dans chaque buisson et paraître et brûler. / Je suis cet autel vide, et ce gouffre, et ces arches / Et toi-même peut-être, et le doute: mais l'aube / Et le rayonnement de pierres descellées.

ARTE DA POESIA

Dragado foi o olhar fora daquela noite.
As mãos secadas e imobilizadas.
Reconciliou-se a febre. Disse-se ao coração
Que fosse o coração. Há um demônio nessas veias
Que fugiu a gritar.
Há na boca uma voz tíbia e sangrenta
Que foi lavada e outra vez chamada.

ART DE LA POÉSIE / Dragué fut le regard hors de cette nuit. / Immobilisées et séchées les mains. / On a réconcilié la fièvre. On a dit au coeur / D'être le cœur. Il y avait un démon dans ces veines / Qui s'est enfui en criant. / Il y avait dans la bouche une voix morne sanglante / Qui a été lavée et rappelée.

PRINCIPAIS OBRAS PUBLICADAS (1946-1997)

Traité du pianiste, La Révolution la nuit, 1946.
Du mouvement et de l'immobilité de Douve, Mercure de France, 1953.
Peintures murales de la France gothique, Hermann, 1954.
Hier régnant désert, Mercure de France, 1958.
L'improbable, Mercure de France, 1959.
Dévotion, Mercure de France, 1959.
La seconde simplicité, Mercure de France, 1961.
Arthur Rimbaud, Le Seuil, 1961.
Anti-Platon, Mercure de France, 1962.
Pierre écrite, Mercure de France, 1965.
Un rêve fait à Mantoue, Mercure de France, 1967.
Rome 1630: l'horizon du premier baroque, Flammarion, 1970.
L''arrière-pays, Skira, 1972.
L'ordalie, Galerie Maeght, 1975.
Dans le leurre du seuil, Mercure de France, 1975.
Rue traversière, Mercure de France, 1977.
Trois remarques sur la couleur, Thierry Bouchard, 1977.
Le nuage rouge, Mercure de France, 1977.
Poèmes (Retoma a produção anterior), Mercure de France, 1978.
La présence et l'image, Mercure de France, 1983.
Ce qui fut sans lumière, Mercure de France, 1987.
Récits en rêve, Mercure de France, 1987,
Les raisins de Zeuxis, George Nama, 1987.
La vérité de parole, Mercure de France, 1988.
Là où retombe la flèche, Mercure de France, 1988.
Une autre époque de l'écriture, Mercure de France, 1988.
Quarante-cinq poèmes de W. B. Yeats suivis de *La Résurrection,* Hermann, 1989.
Sur un sculpteur et des peintres, Plon, 1989.
Entretiens sur la poésie (1972-1990), Mercure de France, 1990.
Encore les raisins de Zeuxis, Monument Press, 1990.
Début et fin de la neige, Mercure de France, 1991.
Alberto Giacometti, biographie d'une œuvre, Flammarion, 1991.
La vie errante, Mercure de France, 1993.
Remarques sur le dessin, Mercure de France, 1993.
La petite phrase et la longue phrase, TILV, 1994.
La journée d'Alexandre Hollan, Le temps qu'il fait, 1995.

Dessin, couleur, lumière, Mercure de France,1995.
Plus Loin, plus vite, R. et L. Dutrou, 1996.
L'encore aveugle, Festina lente, 1997.

TRADUÇÕES de Shakespeare:

Henri IV, Jules César, Le Conte d'hiver, Vénus et Adonis, Le Viol de Lucrèce, Club français du livre, 1957-1960.
Hamlet, e "Idée de la traduction", Mercure de France, 1962.
Le Roi Lear, Mercure de France, 1965.
Roméo et Juliette, Mercure de France, 1968.
Macbeth, Mercure de France, 1983.
Les poèmes (Venus et Adonis, Le Viol de Lucrèce, Phénix et Colombe), précédé de "Traduire en vers ou en prose", Mercure de France, 1993.
Le conte d'hiver, précédé de "Art et Nature: l'arrière-plan du 'Conte d'hiver'", Mercure de France, 19984, et Folio, Gallimard, 1996.
Jules César, précédé de "Brutus, ou le rendez-vous à Philippes", Mercure de France, et Folio, Gallimard, 1996.
XXIV Sonnets de Shakespeare, suivi de "Une journée dans la vie de Prospéro", Folio, Gallimard, 1997.

EDIÇÃO

Dictionnaire des mythologies et des religions des sociétés traditionnelles et du monde antique, Paris, Flammarion, 1981.

CADASTRO
ILUMINURAS

Para receber informações sobre
nossos lançamentos e promoções,
envie e-mail para:

cadastro@iluminuras.com.br

Este livro foi composto em *Times* e *Gotham* pela *Iluminuras* e nas oficinas
da *Meta Brasil Gráfica*, em Cotia, SP, em papel off-white 80 gramas.